丁振宇◎著

微历史

唐朝其实很有料

北京工业大学出版社

图书在版编目(CIP)数据

微历史.唐朝其实很有料 / 丁振宇著. —北京: 北京工业
大学出版社, 2022.1
ISBN 978-7-5639-8069-7

Ⅰ.①微… Ⅱ.①丁… Ⅲ.①中国历史–通俗读物②中国
历史–唐代–通俗读物 Ⅳ.①K209

中国版本图书馆 CIP 数据核字(2021)第 168050 号

微历史——唐朝其实很有料

WEI LISHI——TANGCHAO QISHI HEN YOULIAO

著　　者：丁振宇
责任编辑：贾树忠
封面设计：天下书装
出版发行：北京工业大学出版社
　　　　　（北京市朝阳区平乐园 100 号　邮编：100124）
　　　　　010-67391722（传真）　bgdcbs@sina.com
经销单位：全国各地新华书店
承印单位：北京柯蓝博泰印务有限公司
开　　本：640 毫米×960 毫米　　1/16
印　　张：12.25
字　　数：137 千字
版　　次：2022 年 1 月第 1 版
印　　次：2022 年 1 月第 1 次印刷
标准书号：ISBN 978-7-5639-8069-7
定　　价：45.00 元

前　言

　　微历史，即用"微博体"的形式讲述历史。微博的特点是短小、及时，适于传播。微博作为一个便捷的信息分享与传播平台，对于记录历史，同样是一个好工具。当今社会生存竞争激烈、生活节奏奇快，许多的人们没有时间、精力，也没有耐心静下心来阅读冗长繁杂的历史巨著，因而造成当下人们尤其是年青一代历史知识的匮乏。

　　"微历史"的出现，除了"微时代"大环境的推动之外，更是民众自身的一种诉求。因为它将"微博体"与历史事实进行了有机的结合，在有限的字数里以精当的内容浓缩精华，言简意赅，字字珠玑，为广大读者提供了一种新的解读历史的方式。无须非常集中的阅读时间和持久专注，无须专门的历史或理论素养，茶余饭后，公交车上，花五分钟翻阅一下，就会收获良多。

　　唐朝共有二十一位皇帝，在唐朝两百多年的历史中，其政治、经济、文化、中外交流等方面都取得了辉煌的成就。唐朝文化在中国悠久的文化进程中有着极其重要的地位，唐诗至今还影响着中国人乃至世界人民对中国文化的认识，唐朝的对外贸易和交往非常繁荣，丝绸之路、玄奘的佛家文化交流等都深深地影响了世界对中国的看法。

　　唐朝取得的成绩令人骄傲，在津津乐道于这些耀眼的成就时，我们也应该了解唐朝统治者内部的是是非非。唐朝是中国历史上继隋朝之后的统一王朝，创建者李渊。唐高祖李渊统治时期，削平群雄，基本统一全国。武德九年（626），发生了玄武门之变，李渊被迫退位，唐太宗李世民继位。

唐高宗李治也是唐朝的经典人物，虽然政治上作为不大，但他娶了一个家喻户晓的皇后——武媚娘。就是在李治这个推手的"努力"下，唐朝历史穿插了一个女皇治国的经典案例。武媚娘成为女子能顶半边天的传奇创造者。

历经坎坷的唐玄宗李隆基也是历史上"出镜率"较高的皇帝之一。作为一代风流皇帝的代表，他不但创造了开元盛世，与杨贵妃缠绵悱恻的爱情故事也被大诗人白居易写入《长恨歌》而永世传唱。他执政的几十年，朝野间的巨大变化也成了后世史学家争议最多的一个历史片段。无论后人如何评价唐玄宗的功过是非，相信宽容的历史能够理解他的爱与憎。人们也不会忘记早年大有作为的开元天子，他的风流、他的痴情，以及与杨贵妃的一切，都已成为形象化、艺术化的大唐盛世的代名词。

本书在编写上遵循既严肃认真，又不失生动活泼的原则，本着引导广大读者在轻松快意的阅读中获取历史知识的宗旨，在选材上以正史为主，在文字上力求做到生动幽默、灵活流畅、妙趣横生，令阅读者徜徉历史海洋时兴致盎然，回味无穷。

目 录

第一章

大唐开国——李渊的重生之路 ························· 1

第二章

为了理想——李世民奋力一搏 ························· 65

第三章

实现梦想——李世民的帝王情怀 ····················· 73

第四章

功成名就——成就贞观辉煌之治 ····················· 101

第五章

唐高宗与武则天——他和媚娘的那些事儿 ········ 117

第六章

开元盛世——李隆基的奋斗之路 ····················· 157

第七章

唐末纪实——唐王朝的解体 ························· 183

第 一 章

大唐开国
——李渊的重生之路

公元566年，李渊出生于长安。

公元613年，李渊任卫尉少卿。

公元617年，李渊任太原留守；同年在太原起兵反隋。

公元618年，隋炀帝被杀，隋亡；李渊称帝，建立唐朝。

公元624年，李渊设立唐朝官僚制度。

公元626年，"玄武门之变"爆发，李世民登基，李渊被尊为太上皇。

公元635年，李渊病逝。

公元566年，唐国公李昞妻子产下一个男婴，他非常高兴地给孩子起名为"渊"，字"叔德"。

　　李渊祖上就能人辈出，李氏乃西凉李暠之嫡裔；李渊祖父李虎，西魏时官至太尉，是统领府兵的六柱国之一；父亲李昞，任"柱国大将军"；其母为隋文帝独孤皇后的姐姐。可见社会关系非常复杂。出生在这个家庭，前途想不光明都很困难。

　　幼年的李渊也是有烦恼的，尤其父亲去世后，七岁的李渊懵懵懂懂被袭封为"唐国公"。这对于一个小孩子来说简直是一种摧残，他必须每天像官场中人一样，一举一动都要按规矩去做，从儿童心理学的角度来说，这更像一种拔高式体罚。为了李家的兴旺，李渊忍了忍，决定认了。

　　李渊从小就喜欢读书，从四书五经到《史记》《汉书》，无所不读。李渊读的书没有白费，他很早就学会了为官之道，清楚在官场上如何为人处世。

　　七岁的李渊因李昞撒手西归，无奈地用幼小的肩膀担负起兴旺李氏家族的重大使命。官场的礼仪规矩折磨着一个幼小的孩子的心灵，小小的李渊被封建礼教训练得循规蹈矩，正可谓"天将降大任于斯人也，必先苦其心志，劳其筋骨，饿其体肤……"。

青年李渊感触最深的一件事是在公元581年，姨夫杨坚罢免外甥周静帝，亲戚之间的争斗让李渊感受到了现实的骨感和残酷。

姨夫杨坚的登基对李渊的触动很大，以前他只是在书里看到君臣之间、朝堂之上一幕幕的阴谋诡计和残忍杀戮，但是这一切在今天都变成了血淋淋的现实。更令李渊困惑的是，这居然发生在家庭内部。

杨坚在位二十余年，勤俭节约，创立了许多利国利民的制度，非常敬业，把国家建设得不错，算是国富民强了。谁料想，他的接班人却是个败家子，这人就是中国历史上臭名昭著的大暴君——隋炀帝杨广。

公元615年，也就是隋大业十一年，这年夏天，天气有点热，杨广只好到太原避暑。为保证自己的安全，他任命表哥李渊为山西河东慰抚大使，负责镇压今天汾阳河谷一带的农民起义军。李渊自然不敢怠慢，又推荐他的好哥们夏侯端为副使，杨广表示同意。

杨广最喜欢搞项目：第一是大搞土木工程，兴师动众搞得是热火朝天；第二是搞联欢活动，全国上下是热热闹闹、沸沸扬扬；第三是酷爱旅游，乘船驾马四处游玩，游山逛水花天酒地；第四是大肆侵略。

杨广玩起政治来，也是一套一套的，颇有心计。他利用太子杨勇的弱点，欺瞒隋文帝和独孤皇后，除掉自己的亲哥哥杨

3

勇，做起了皇帝，成天梦想着干一番大事业。他要做的是，超过秦皇汉武的圣王伟业。

俗话说得好：三个臭皮匠，顶个诸葛亮。想要做出正确的决策，仅凭皇帝拍脑门决定是不行的，很多时候还需要大臣们群策群力。但是面对皇帝的威严，众多大臣怕摸老虎屁股，对于皇帝的决定大多不敢提反对意见，而皇帝也是人，不一定所有的决定都是正确的，久而久之难免会失误，严重时就会为国家带来损失。

在杨广统治下，当时的隋朝可以说是破鼓万人捶，农民起义、王公贵族造反遍布全国。杨广就像惊弓之鸟一样，恐惧到了极点，看谁都像造反的，他对掌握兵权的王公贵族们更是猜忌。而这个时候，恰恰听到李渊颇受属下的拥护，所以杨广那双阴森的眼睛就盯上了李渊。

李渊的妻子窦氏，先后生下四个儿子：大儿子李建成、二儿子李世民、三儿子李元霸、四儿子李元吉。只可惜三儿子李元霸幼年夭折。

窦氏是周宣帝的外甥女，很有才能，给丈夫提了好多合理化的建议，对丈夫的事业起了很大的辅助作用。也许是操心过度，四十五岁那年得了重病，虽然请了当地有名的医生，但医治无效离开了李渊。

李渊用酗酒（天天泡在酒桌上，整天晕晕乎乎的）、纵色（投怀送抱的各色女子不算，只要看着顺眼的一律哄骗到手）来欺骗杨广，整天沉湎于觥筹交错，并贪恋美女，让杨广认为他平庸无能，不会给自己造成威胁。

雁门被困，急坏了皇帝杨广，焦急得如热锅上的蚂蚁。李渊二儿子李世民用"扯虎皮，拉大旗"的疑兵之计，稳住了民心，救了皇帝，赢得了杨广的信任。

李渊学三国时期的诸葛亮使用空城计，成功忽悠了突厥的大部队，并借机出奇兵一举挫减了突厥人的锐气。

李渊采用软硬兼施的手段对付各个"地方军"，有愿意投降的，全部收编到自己的麾下，不愿意投降的，那就不客气了。

李渊不冤，他后来为巩固皇基宁可错杀三千。李渊从小在权力中心生活，看透了皇宫内幕，更知道怎样才能巩固自己的地位，所以他的骨子里充满了智慧，杀人不用刀，害人不偿命，做事不露声色，一个个绊脚石就这样在眼前消失。

李渊在位的武德时期，据说宫廷生活相对来讲是比较奢华的。玄武门事变后，尉迟敬德进宫面见李渊时，李渊正在开凿的人工湖里泛舟，由此可以想象出武德时期宫廷生活是多么的奢华，当然也可以想象出老百姓的负担是不轻的。

据说，李渊在杨坚面前经常会说一些"陛下，我对您的敬仰……"之类的话。我们不得不承认，李渊出色地运用了处世之道。但他不是为了升官，他厌倦了钩心斗角的斗争，他受够了！可他又不想失去功名利禄，于是他选择了去地方！

人的运气是不会一直不改变的！大业十三年（617），李渊几次败给突厥，他认为兵败之事不能告诉杨广，以杨广的脾气，自己非死不可。李世民一语惊醒梦中人："面对现实吧，事已至此，我们唯有造反一途，拼死一搏了，至于结果如何，就看老天爷的意思了。"

李家想起兵，就要先有一个良好的后援保障。而李家想成大事，必须要和当时朝廷的主要敌人李密及突厥人搞好关系。

李渊父子密谋造反，但造反是需要理由的，于是李渊想了个损招。据说他冒充杨广发布了征兵诏书，要求二十岁以上五十岁以下的人全部上战场打仗，老百姓无不对杨广咬牙切齿，浑水摸鱼的李渊父子看到时机成熟，便开始了他们的造反之路。

要造反，首先手里要有兵。李渊以太原危急为借口开始扩充军队。可李渊的这一反常举动引起了王威、高君雅两位副手的警觉，为了稳妥起见，李渊决定设计陷害二人。

作为李渊的高级智囊团成员，部下刘文静兼职做了一回伸张正义的举报人，没想到李渊竟让副手王威接访，刘文静当时脸就绿了，当众说这次举报的就是王威、高君雅两位，原则上当事人得回避，不然无法监督。李渊当即表示自己亲自察看信件，了解情况后绝对照章办事。

王威、高君雅知道被举报时，根本没在意，他们认为被举报腐败只是小事，不知道出卖核心机密却是非常严重的。这封举报信就是举报他们出卖核心机密的。等他们听完李渊读的举报信，才意识到问题的严重性。

李渊的姨夫是隋文帝杨坚，做事自由度非常大，听到有人举报王威、高君雅出卖自己的核心机密，当即决定：王威、高君雅严重损害了朝廷的利益，虽然是高官，但也必须按律法处置，此二人从今日起关押禁闭，停职反省。

公元617年，李渊扫清了自己身边的障碍，在晋阳宫起兵造反。李渊起兵后，遣刘文静出使突厥。

李渊看看自己手里那点兵，冷静分析了一下对手。突厥骑兵突袭速度快，你唾沫没出口，人家马刀就架你脖子上了，硬拼是不行的，那就等待机会吧。以弱胜强这种事情很少，不是没有，要好好想想对策，打垮对手。

李渊下了一盘很大的棋：突厥骑兵你来啊，进城的给好处，后面的看情形不对肯定会撤退，等撤退完的时候我埋伏的奇兵杀出来，从背后发动突然袭击，夺取马匹，占为己用。

兵不厌诈这个道理突厥人也懂，所以在面对一座空城的时候，谨慎地派出了部分人马前去探路。但是对方城门大开，死一般的寂静。这暴风雨来临之前的宁静太可怕了，就像死神张开了獠牙安静地等待他们送上门去。

李渊的奇兵在突厥骑兵回撤时突然现身，准备给敌人来个突袭。但突袭的关键是要在敌人回撤完的时候才能现身，敌退我追杀起来多爽快，如果时机把握不好反而会被对方前后夹击。这个细节李渊想到了并强调再三，但手下人王康达和杨毛的执行能力太差，敌人诱惑了一下他们就不淡定了。

做大事者遇事多思考，不为表面现象所迷惑，这样才能少做错事。王康达和杨毛毕竟太年轻，看到突厥人膘肥的马匹就不淡定了：等他们撤完还能拿什么邀功请赏，现在就现身追击。

王康达和杨毛的轻敌大意给自己和手下的士兵们带来了灭顶之灾，被突厥人前后夹击，最终王康达和杨毛被突厥骑兵逼得跳了汾水河。王康达不幸溺水身亡，只有杨毛和两百余名士兵侥幸游到了对岸。

李渊和突厥人的第一战因为下属的执行不力而未能取胜，本想杀下突厥人的锐气，却损失了一员大将和众多士兵，偷鸡不成蚀把米。尽管有损失，但埋伏奇兵这一招也大出突厥人的预料，错认为王康达、杨毛战败是李渊故意在作秀，引诱大部队进城。

两军交战，特别是攻城战，进攻的一方只需要集中兵力猛攻，能打开缺口破防就算胜了。但现在突厥骑兵看着眼前的晋阳城却是满肚子的幽怨：贸然进攻怕中埋伏；长期耗着，这抢来的东西自己消耗完的话不是白抢了吗？

李渊的新计划是这样的：你突厥骑兵那么多人的吃饭问题要解决，本身是来打劫的，带的口粮肯定不多，晋阳城周围的粮食也被你们抢得差不多了，我就是先跟你耗，没东西吃了你自己就会走人。

在古代，抢地盘是少不了的，但怎么抢就大有学问了，太高调肯定被直接拍死，低调求发展才是正路。

李渊打算低调发展，那么摆在眼前的问题就是安抚突厥人，解决外患。稳住突厥人，武力解决显然是行不通的，唯一可行的办法就是给予对方一些恩惠，暂时妥协于对方。这样不仅可以解决自己的后顾之忧，如果顺利的话，还可以借突厥的兵马以壮声威。

在政治斗争和军事斗争中，没有永远的朋友，也没有永远的敌人，利益决定一切。李渊作为一个深谋远虑的政治家和军事家，当然明白这个道理。自己手里有什么是突厥可汗想要的呢？金银珠宝是不错，但目前自己没有啊！没有就先空口承诺，你确定支持我再给实际的。就这样，李渊开始忽悠突厥可汗。

在无线电和电话出现之前，相距很远的人们交流需要派出信使来传递消息。李渊给突厥可汗的信件已经写好了，派谁去呢？不如召集所有人来商量一下，给大家一个表现的机会。但会上众人保持沉默，李渊有些失望，但是他能理解。因为突厥是个野蛮的民族，也许这一去，就永远回不来了，而生命只有一次。

在李渊最需要帮助而众人沉默的局面下，刘文静打破平静，自愿出使突厥。李渊经过长期的观察，深知刘文静机智多谋，善于外交辞令，和突厥人打过多次交道，是比较合适的人选。

据说李渊写给突厥可汗的信件，是费了很多心思的。内容大体是说自己胸怀宽广，要拯救天下的百姓。事成之后，所有的财宝全都归突厥人所有，希望得到可汗的支持。

风萧萧兮易水寒。刘文静这次出使突厥，危险系数还是比较高的，毕竟刚跟人家交战过，双方都没占到什么便宜。因此李渊亲自给刘文静送行，提醒他一定要见机行事，即使此行未成功，也要安全回来。

刘文静出使突厥，是为了忽悠突厥可汗投靠李渊，不是去占嘴皮子便宜的，因此占了便宜后要给对方些面子。"可汗主动退兵是顾及山西的百姓，不忍心让山西的百姓生活在水深火热之中啊！"这话说得可汗心里可舒服了，于是，可汗的态度开始改变。刘文静抓住时机把李渊的信件呈上。

当时的突厥可汗是始毕可汗，城府很深。始毕可汗想：你李渊想借我的力量做大，做大了反过来跟我竞争怎么办？不如你自己去跟隋炀帝死磕，我在一旁围观，可以给你口头助威。你们拼死相争，一旦两败俱伤，我再杀出来打扫战场，搞定你们两家也是有可能的。

出使突厥，带去了李渊的信件，带回了始毕可汗的信件，刘文静的使命基本完成，却没有达到预期效果。果然李渊看完始毕可汗的书信后不淡定了，对方开出的条件太苛刻，而且相当阴险，看来自己埋头求发展的打算被别人看透了。现在要做的，就是做些事情让突厥人对自己有信心并给予自己支持。

李渊与突厥可汗做对手，算是旗鼓相当，但事情拖久了也不好，得想办法尽快解决。那好吧，既然自己想不出好办法，就开个全体会议，集思广益。

李世民提出计策，将杨广与隋朝区别对待。你始毕可汗不是讨厌杨广吗？你的敌人就是我的敌人，为了我们的联合大计，我就反对杨广。但是我反对的是杨广，不是隋朝。

李渊采用李世民的建议，并且在此基础上"兴义兵以檄郡县，改旗帜以示突厥"。这标志着李渊的事业进入了一个全新的阶段。以刘文静为代表的一方认为现在应把突厥人放在首位，采用突厥的白色旗帜；以裴寂为代表的另一方则认为应把"尊隋"放在首位，采用隋朝的红色旗帜。

倾向突厥用白旗，倾向隋朝用红旗。双方都不得罪，让双方都满意，到底该怎么做才能将风险降到最低？极其讲究斗争策略的李渊在李世民"中庸"计策的启发下，做出了最终决定——红白相间旗。这下，突厥、隋朝算是应付过去了，刘文静、裴寂的争执也彻底消停了。

刘文静再次出使突厥，将李渊"反杨广，立代王"的意图告诉了始毕可汗，并且特别交代欢迎突厥军队支援，事成之后金银财宝归突厥所有。始毕可汗真没有想到，李渊利用

"擦边球"的方式把自己应付过去了，考虑到自己没有足够的把握搞定这个潜藏在身边的对手，联合的话事后还有利益可赚，那么合作是目前最好的选择。

于是始毕可汗决定支援李渊，派骑兵两千随刘文静来到太原。两千骑兵，这个数目不是很多，因为始毕可汗不仅仅是为了支援李渊，事实上他还准备向李渊推销自己的马匹，商谈马匹互市。你李渊想要平定天下，不知要打多少仗。而突厥人的马匹，很适合行军作战！

李渊做事是很讲究策略的，眼下正需要马匹，你突厥也提出马匹互市，我同意。但从突厥人手中购买马匹必须有节制，如果让他们了解了自己缺少马匹，会助长突厥人的贪欲，从而抬高价钱，不利于长期合作。再者，突厥人了解到自己的前期准备工作不充分，可能不会有长期合作的打算。

"反杨广，立代王"这个口号为李渊指明了前进的方向，当时李密刚刚打败隋军，再次攻占了回洛仓。杨广急忙派江都通守王世充、河南大使虎牙郎将王辩、河北大使太常少卿韦霁等率各部增援洛阳。长江北岸的隋军全部集中在洛阳，准备对付李密。而长安守备薄弱，这么好的时局，向目标前进吧！

公元617年7月5日，李渊召开出师长安的动员会。面对着三万多身穿铠甲的战士，李渊豪情万丈："我承蒙杨坚的恩惠，才有今天。如今杨广无道，巡幸无度，亲信小人，致使天下生灵涂炭。不得已高举义旗，愿尊奉代王，讨伐杨广，解救天下苍生！"三万甲士齐声高喊：愿誓死追随！

李渊打着解救天下苍生的旗号造反，他确实也是这么做的。率军到达山西汾阳城后，慰劳城中百姓，救济贫困，这使当地的老百姓备受鼓舞，各种能人纷纷前来投奔。李渊根据来投奔的人的才能，分别授予官职，尽管授予重要官职的人并不多，大部分人被授予的都是一些虚职，但这一行为极快地壮大了自己的力量，扩张了声势。

得民心者得天下。心系百姓，老百姓才会拥护你。缺人，不用拉壮丁就有人投奔你。可见李渊当时的声势有多大。

"反杨广，立代王"是李渊的口号，代王杨侑却不是这么想的：什么反对杨广，拥立我！你李渊要是来了，我这个位子恐怕就易主了。你要来，我就偏不让你来。杨侑派虎牙郎将宋老生率精兵两万屯于山西霍县，左武侯大将军屈突通屯军于山西永济，全力阻击李渊的军队。

李渊在面对宋老生和屈突通两个强敌坚守的要塞时，老天爷也凑热闹"调戏"了他一把，倾盆大雨，下个不停，道路泥泞，军队无法前进。如果两个强敌联手在前面堵截，身后再有隋军来攻，这样被夹击是有可能全军覆没的。虽然传来部将张伦攻克离石、杀太守杨子崇的捷报，但是李渊的心情依然沉重。

前有强敌堵截无法强行突破，又适逢连天大雨，李渊军队一开始高涨的士气随着降落的雨水一点点地降温，搞得李渊心情很是低落。造反的大旗立起来了，声势造起来了，现在打退堂鼓已经晚了。既然箭在弦上不得不发，想办法解决困难才是最紧要的，而且将来还有更多的困难等着去克服，坚持下去才有希望。

一个人面对强敌的时候，横冲直撞是需要勇气的，结果也是不可预期的。想事周全的李渊是不会冒着崩盘的危险和杨侑硬拼的，联合他人一起克服困难才是最可行的。突厥联合过了，可以联合李密吗？李密现在粮饷充足，刚打了几个大胜仗，实力超过李渊很多倍。

李密的瓦岗寨聚集了很多英雄，又接连打败隋军，获取了隋军的大批军事物资，同时又据有洛阳周围的几个大粮仓，底气是很足的。

李渊进攻长安遭遇挫折，不得已打算联合李密。李密跟自己的目的一样，都是想拿下长安，君临天下。但现在李密的实力是自己的很多倍，如果再和他闹翻，自己恐怕就彻底坠入深渊了。李密现在声势很大，有些飘飘然和自我膨胀，所以李渊决定放低身段，主动向李密示好。

李渊决定联合李密，取得李密的支援。先写封信联络下感情，顺便表达一下自己的想法。只有这样，才能先稳住李密，使其不要有太多的顾虑，并且看到自己那些恭维的话自信心极度膨胀，以为自己只是个小角色，没有他李密的支援随时会失败，这样就增加了联合的可能性。

李密收到李渊恭维的信件，自信天下早晚归自己所有。但想到李渊也不是个简单人物，试探一下还是很有必要的。李渊啊，虽然咱们不是一个村子玩大的，但既然都姓李说明五百年前是一家。这联合可以，但要选个主事人出来，我作为盟主发号施令，你在身旁协助，这样咱们才能劲往一处使。

李渊给李密写信示好，是为了联合他共同抵抗隋朝的大军，没想到自己稍微恭维了一下，李密就找不到南北开始装大哥了。但是想到自己身边刘武周、窦建德、杜伏威这些人单凭自己实在是扛不住，你李密想当盟主就随意吧，反正枪打出头鸟，多吸引些火力挺好。现在狂妄自大，以后有他为自己狂妄自大买单的时候。

李渊认同李密做自己领导，也是没办法的事情。一是人家比自己强太多，不能得罪，还指望李密帮自己解围呢；二是让代王杨侑看到自己现在有人罩着了，不敢轻易下黑手；三是看透了李密是个什么样的人，这种人最多算个枭雄，不是成就天下霸业的料。

李渊给李密写了封回信，在信中继续吹捧李密，称他当盟主是众望所归，一个英明的领导才能为联合军指明前进的方向；还说自己年老力衰，准备在太原安度晚年，只字不提进军长安的打算。但就是这样一封虚情假意的信，李密看后却大喜过望，因此专心地对付洛阳周围的隋军，甘当李渊的"炮灰"。

在笼络人才方面，李渊也是高手，他联合突厥、李密就是例证。但忽悠来的东西都不一定是靠谱的，因为忽然传来突厥人和刘武周乘虚袭击晋阳的消息。晋阳是李渊的根据地，手下将士的家属都在那里，如果此事属实的话，必须撤兵回防，不然将士在外，家中亲人的安全无法保障，军心定会大乱。

前有堵截，后方不稳，李渊此刻的心情复杂极了。突厥人唯利是图并不可靠，大将裴寂对突厥人袭击晋阳一事，建议撤兵回救，确保晋阳的安全。但李渊却想：如果撤兵的话，万一敌人故意散布对我军不利的谣言，军心必然涣散；前方的强敌宋老生和屈突通主动进攻，李密再落井下石，那我们都不一定能活着回到晋阳。

在进退两难的时候，李世民再次站了出来："突厥人真要是想进攻太原，为什么不就近攻取离他最近的马邑，而舍近求远深入腹地攻取晋阳呢？就算是突厥人和刘武周合作也不一定是真心的，既然他们是为了利益才走到一起的，那咱们还可以做工作挽回一下。"但无论消息是真是假，李渊决定让刘文静再次出使突厥。

上阵父子兵，打虎亲兄弟。这话一点不假。在李渊犹豫不决的时候，儿子李建成、李世民冷静分析了目前的情况：后退的话四周的敌人是不会轻易放过我们的，以前做的一切都白费了。只有坚定地继续向前才会有转机。等大雨停了，孩儿杀了宋老生和屈突通，否则愿以死谢罪。士气就此稳定了下来。

李渊看到两个儿子信心满满的样子，激动万分，下令继续前进。时局在李渊的坚持下也有了变化：河南、河北的隋军主力，被李密、窦建德等起义军牵制在洛阳一带，无暇西顾；代王杨侑为了防备薛举、李轨进攻关中地区，不得已从长安附近抽调了五万精兵防守西线，在霍邑的宋老生陷入孤立。决战的时候到了。

霍邑之战，李渊是很重视的，这是起兵后与隋军的第一次正面较量。打赢了取得开门红，有可能一鼓作气打到长安；如果打输了，士气可能从此一蹶不振，一切都要重新开始。一定都要考虑周详。他先让女婿柴绍带领侦察骑兵到霍邑城下侦察宋老生的军情。柴绍是个聪明人，打算引诱宋老生出战，借此了解对手的情况。

宋老生有三万兵力，基本和李渊对等，且有城门可守。因此，柴绍带着一些侦察骑兵上门讨战的时候，宋老生视而不见。柴绍也不是省油的灯，便对宋老生进行言语挑衅，但每当宋老生怒不可遏地打开城门准备应战的时候，柴绍却一溜烟跑了。

柴绍这么做是有目的的，就是试探宋老生有没有可以利用的弱点。三番五次地试探下来，柴绍发现宋老生属于有勇无谋型，听到自己的叫骂，不管三七二十一就下令出战，这种不冷静的行为可以很好地利用一下。

从作战形势来讲，宋老生是以逸待劳，而且又是坚守城池，而李渊却是长途跋涉，且要打一场攻城战，宋老生处于比较有利的形势。但柴绍的情报让李渊对霍邑之战充满了信心：可以让柴绍再次引诱宋老生出城，同时李建成、李世民埋伏在霍邑城门外。一旦宋老生上当，可以集结部队进行围堵，此战必胜。

在柴绍的一再挑衅下，宋老生率大部而出准备将李渊一举荡平。刚一交战李渊就开始撤退，这更激发了宋老生决胜的信心。但远离了霍邑城后，却看到本是逃兵的李渊在前方严阵以待。心想：不好！中计了！赶快回城！宋老生的部队刚准备撤退，周围却响起"宋老生已经被捉获"的声音，这消息可不得了，一下动摇了军心。

李建成、李世民故意散布宋老生被俘的谣言，目的就是扰乱对方的军心，有利于自己的骑兵趁机掩杀。宋老生不愧是一员猛将，在如此险恶的情况下越战越勇，终于杀开一条血路，渐渐撤到了霍邑城下。但还没到城门口，让他吃惊的一幕出现了：李渊在笑呵呵地等着他，宋老生顿时感到了绝望，最终被乱兵砍死。

　　守城的士兵在城楼上眼睁睁地看着自己的主帅被杀，自己无能为力，真想打开城门冲出去，拼个你死我活。可是，打开城门，李渊他们顺势冲进来怎么办？唉，算了吧，主帅已经死了，还是紧闭城门等待援军吧。守住城池要紧啊！这个想法非常好，但他们的对手是李渊，坚守城池这个策略是注定要失败的。

　　李渊看到宋老生倒下去的时候，便下令猛烈攻城。连攻城的云梯都没准备好就下令攻城，为什么呢？时机！对方守城士兵眼睁睁地看着主帅宋老生被剁成肉泥，惊魂未定，而攻城士兵气势如虹，如果不趁此机会攻城，错过了时机，等城中的人做好部署，再想攻下此城就很困难了。

　　在云梯都不具备的情况下展开攻城战，进攻一方的士兵可要遭大罪了，你得会爬墙或者踩着别人的肩膀才能攻上城头，守城方士兵也不会让你顺利上来，滚木、礌石、弓箭不停地往城下"招呼"，双方以命相搏。经过了将近一个时辰的激战，李渊终于攻克了霍邑城。这场胜利，可以说是用尸山血河换来的。

　　霍邑之战以李渊的大获全胜而告终，这也是李渊起兵以来，对隋朝作战的第一次重大胜利。事后他犒赏三军，论功行赏。这个是很有必要的。但李渊犒赏三军的方式，有些与众不同，那就是不论出身贵贱，即使你是随军作战的奴隶，只要有战功就能得到奖赏。这个决定在等级观念严重的封建社会是了不起的举动。

　　李渊是扛着"反杨广，立代王"的大旗造反的，对待敌人必须很冷酷，遇到阻挡前进的钉子必须拔除，但遇到人才也必须拉拢。李渊兵至绛郡的时候，守将陈叔达领兵坚守。这个陈叔达在文学方面是很有天赋的，相传他小时候曾在宫廷宴会上用一顿饭的工夫写了十首诗，还被人们争相传诵。

陈叔达刚被俘的时候，李渊亲自替他松绑并进行安抚，结果却碰了钉子还被羞辱一番。李渊思索一番，说："将军原是陈朝人，当初杨坚爱惜将军的才华，将军屈尊于他。今日我李渊同样爱惜将军的才华，将军为何执意不从呢？"陈叔达经过考虑，便降了李渊。

公元617年8月15日，李渊兵至龙门。李渊的目标是长安，那就要渡过面前的黄河和面对屈突通重兵把守的山西永济。不和屈突通交手，从龙门强渡黄河，直取长安的风险在于如果长安不克，背后就会遭到屈突通的攻击；和屈突通交手，如果不能短时间解决他，长安的代王杨侑肯定会派兵支援，更难取胜。李渊陷入了两难的境地。

在龙门商讨战事时，裴寂的观点是先击败屈突通，李世民的观点是直取长安，双方争执不下。这时候一位将领站出来提出来一个兼顾双方的方案：大部队趁士气旺盛急速渡过黄河，直取长安；小部分人马进攻和牵制屈突通。这个方案非常好，既利用了现在李渊军大好的局势，也能防范屈突通背后搞偷袭。

李渊首先命令王长谐和刘弘基及陈演寿等率步兵六千从梁山渡河，作为先头部队。同时自己亲率主力大军，渡江入关，重点攻取长安。然后集中相当的兵力，组成偏师围攻与牵制屈突通，确保大军平稳渡过黄河。当大军渡河成功后，偏师部队再与主力部队会合。

李渊率主力成功渡过黄河后，立即命李建成和刘文静、王长谐等率军五万，进驻永丰仓，守卫潼关，防止洛阳的隋军和屈突通部的增援，同时接应偏师部队渡河。又命李世民和刘弘基等率军五万，沿渭河北岸西进，迂回包围长安。这两路大军的集结，都是以长安为最终的战略目标，决战的时刻就要来到了。

屈突通闻知李渊渡过黄河后，迅速领兵急救长安，正好李渊留有部分人马对他进行围攻和牵制。屈突通在新封被刘文静、王长谐部所败，最终走投无路投靠了李渊。

打着"反杨广，立代王"解救天下百姓的旗号，李渊得到很多老百姓的支持。在长安决战前，李世民有兵力十二万，李建成有五万，李渊有八万，共计二十五万左右。看到自己手中的兵力已经相当充足，李渊命令两个儿子李建成和李世民向长安进发。没多久，兄弟俩一北一东，对长安形成钳形夹攻之势。

李渊进军至长安，屯军于春明门西北，与李建成和李世民合兵一处。

代王杨侑虽然年幼，对李渊起兵的真实意图还是很了解的。看到李渊大军已经把长安围得水泄不通，只好命令长安卫文升、阴世师等严加防范，并派出信使让附近的隋军速速赶来支援解围。

李渊决定采取政治攻势给杨侑施加压力，鉴于霍邑之战中柴绍的出色表现，这次也是由他出马。说到柴绍，不得不提他的妻子——平阳昭公主。

平阳昭公主是李渊和窦氏夫人的第三个女儿。在李渊大军集结长安的时候，她带着在鄠县（现西安市鄠邑区）招募的七万人投奔父亲，并将这七万人的指挥权交给了李世民。唐朝建立后，她的主要任务就是防守李家的大本营山西，驻守的地方原名苇泽关，因她率数万"娘子军"驻守于此，于是更名"娘子关"。

李渊起兵前，平阳昭公主一直过着相夫教子的平静生活。但李渊起兵后，情况突然变化，全家人成了朝廷的通缉犯。被通缉后，平阳昭公主让丈夫柴绍只身去投奔李渊，而她则留下来伺机招募义兵，准备接应李渊的大军。一个女人能做出这样的决策，那就只能证明一点——这是个巾帼不让须眉的女中豪杰。

在送走丈夫后，她迅速离开了长安这个危险之地，前往鄠县。平阳昭公主去那里可不是避难，而是变卖了李家在那里的财产，开始招募义兵，等待父亲的到来。在短短的三个月内她就招募了三四支已有相当规模的起义军。

听闻父亲李渊成功渡过黄河，平阳昭公主就带领着招募的七万起义军前去会合，并把这七万人的指挥权交给了李世民。后来唐朝建立后，她又率领数万娘子军驻守娘子关防御外敌，最后，平阳昭公主战死沙场。其事迹被传为佳话。

话说柴绍跑到城门前，开始对守城士兵进行攻心战："唐公这次带兵来长安，是为了反杨广拥立代王和清理代王身边的小人，唐公没有反隋之心，请代王不要多想。请回去告知代王，让唐公进去做事。"

柴绍奉李渊的命令前去长安城，好话说得口干，但坚持了十多天对方没一点回应。这下李渊身边的武将们坐不住了，纷纷要求进攻长安城。诸将的态度，李渊是理解的，毕竟目的就是占据长安。但是李渊知道，只有这样才能表明自己"尊隋"的诚意，从而取得政治上的主动。

杨侑把守卫长安的重任交予了卫文升、阴世师，由卫文升负责统领全军。但卫文升已经是七十多岁的老人，杨侑刚刚任命完毕，老头就病在了床上，没等李渊打进长安，就病死了。杨侑只好将防守长安的重任交由阴世师负责，同时让骨仪协助他。让这二位担此大任可见杨侑对他们的信任，但往往期望越大失望越大。

守城的阴世师、骨仪此时做了一件愚蠢的事，将李渊在长安的亲戚全都抓起来，以此作为要挟，但收效甚微。二位接下来做的事情就更愚蠢了，居然挖掉了李渊家的祖坟，而且捣毁了李渊家祭祀的祖庙。

俗话说，百善孝为先。就是说一切行为都是以"孝"为根本，逢年过节要祭拜祖先，这是我们中华民族的优良传统。阴世师、骨仪挖李渊家祖坟这事，连他们的手下都有些看不过眼，私底下议论纷纷。李渊听到这个消息时，犹如五雷轰顶。

李渊对长安只围不打是为了争取政治上的主动，你抓我亲属威胁我，我忍了。但现在自家祖坟都被人挖了，无论谁都会站到我这边，至少在舆论上会支持我。进攻吧！攻进长安城，把这些挖我祖坟的人抓起来。至于审判，就让大家去决定他们的结局。

虽然李渊被激怒，但是他并没有失去理智，在下达攻城命令的同时，李渊同时传令，攻进长安后，不得毁坏杨隋的祖庙，不得侵犯代王杨侑及其皇室成员，违者灭三族！

公元617年10月，李渊下达了总攻长安城的命令。李建成负责攻打长安东、南两个方向，李世民负责攻打西、北两个方向。而李渊自己则在原地坐镇指挥。刹那间，二十余万将士抬着攻城的器具，冒着隋军的箭雨、滚木、石块，冲向长安那高大坚实的城墙。经过十多天的奋战，成功地打开了一个缺口。

公元617年11月，军头雷永吉第一个登上了长安的城墙，紧随其后的大部队一拥而上，顷刻间，隋军土崩瓦解，长安攻陷了。攻城战打了十多天，战况惨烈到什么程度呢？攻城需要的云梯有百十道之多，建造这东西需要大量的竹、木材，战争中造了毁，毁了造，以至于围绕长安城周围的竹林、树林都被砍伐光了。

李渊来到皇宫大殿时，看到了被士兵们围起来、受到惊吓躲在桌子底下的代王杨侑。你想，杨侑当时还是个小孩子，据说当他见到一群手拿刀剑高喊要砍死他替兄弟们报仇的大汉，直接蒙了，吓得哇哇直哭。要是没有先前李渊不得侵犯代王杨侑的命令，这孩子怕是早被赶到的义军剁成肉酱了。

据说李渊看着瑟瑟发抖的代王杨侑和满腹怒气的士兵，有些纠结，这杨侑是杀还是留呢？这时杨侑身边有个叫姚思廉的人勇敢地站了出来，说："唐公举义兵，即是匡复帝室，尔等不得无礼！"这句话也点醒了李渊，自己起义造的是杨广的反，要拥立的正是杨侑，就是这次武力攻打长安也是被阴世师、骨仪二人逼的。

现在杀了杨侑实在是太容易了，还可以把责任推到士兵们报仇心切情绪失控上，但是李渊并没有忘记当初起兵时的口号，何况，这个小孩子在未来还有利用价值。"放肆！都给我退下!"李渊斥退身边的兵士,然后恭敬地向杨侑行了一个礼说:"我此次前来,确实是为尊奉代王,匡复帝室。"

李渊斥退了围观杨侑的士兵,说明起兵的来意,并为士兵的鲁莽行为向杨侑道歉,请求恕罪。姚思廉饱读诗书,也比较会说话:"唐公乃仁义之人,我相信唐公是不会食言的。"这个高帽给李渊戴得好,你既然是仁义之人,说过的话就一定要做到,别现在在众人眼前承诺得好,背地里对杨侑下黑刀子。

李渊攻入长安见到杨侑时,杨侑身边只有姚思廉一个人,可见姚思廉不畏生死,很有骨气,这样的人才自己很需要。现在要进行的是安抚工作:"现在我来了,长安的事情就交给我吧,姚公赶快扶代王到后殿休息去吧。咱们择个良辰吉日,再拥立代王为帝。"

姚思廉不是那种迂腐的书呆子:你李渊既然攻入了长安,什么拥立代王这些噱头就别拿来忽悠我了。但大势不可违,希望李渊你可以爱民如子,这个才是天下百姓最期望的。姚思廉的意思李渊自然是明白的,接下来也是这么做的,他安抚百姓,不许军队抢劫百姓,宣布废除隋朝的一切严刑峻法。

李渊迅速攻占长安后,俘获了李靖。李靖,字药师,陕西人,是隋朝大将韩擒虎的外甥。

李靖曾经担任马邑郡丞,但他耐不住寂寞,一直在找机会准备做点大事。当他听说李渊在太原暗中招兵买马,就觉察到李渊是打算起兵造反。因此当时很年轻的李靖做出了一个大胆的决定:前往江都向杨广报告。

李靖想去江都杨广处告发李渊准备造反,但并不容易实现，因为自己处在李渊管辖的地界，去江都是需要通关文牒的。他将自己打扮成囚犯的模样，派人押送自己去江都。但很不凑巧的是，当他路经长安的时候，恰逢李渊起兵太原并攻占长安，因此被俘获。李靖满腹经纶，壮志未酬，在临刑时大声疾呼："您兴起义兵，本是为了天下，除去暴乱，怎么不欲完成大事，而以私人恩怨斩杀壮士呢?"后来他被李世民力救得释，召为幕府。

李世民知道李靖杀不得，一是李靖是父亲老相识的外甥，怕伤了和气；二是李靖是隋朝的官员，向杨广报告李渊谋反是理所应当的；三是虽然父亲占据长安，但周围强敌很多，此时正是用人之际，而李靖是难得的人才；四是父亲宣告说广纳贤才，但一个李靖都容不下，那些观望的人可能会因此弃李渊而去。综上，李世民认为李靖绝不能杀。

李靖大骂李渊，本是想破罐子破摔，以求速死，没承想半路杀出个李世民救了自己一命。李渊那老江湖也顺水推舟，开始拉拢李靖入伙。在生与死的选择面前，不能再犹豫不决了，况且李渊占据了长安，以后可能会效仿曹操挟天子以令诸侯，跟随李渊也不失为一种选择。算了，既然没别的出路，能上"贼船"也不错。

自从李渊进了长安城，有很多人劝他干脆废掉杨侑，自己称帝。但是，老谋深算的李渊明白，目前称帝的时机还不成熟。身在权力的中心地带，同样也处在包围圈之中。虽然隋朝的旗帜还在，但是此时的天下早已不是代王杨侑说了算了。只要自己敢称帝，周围的将领就有了名正言顺攻打自己的借口，寡不敌众就输定了。

公元617年11月15日，李渊将年幼的杨侑迎接到了大兴殿，给他举行了隆重的登基仪式，把他推上了皇帝的宝座，号称隋恭帝。李渊被杨侑封为唐王，统领新隋朝的政务、军事、外交等事务。

身在江都的杨广，日子很不好过。李密把洛阳围得水泄不通，李渊又占领了长安，这两个地方自己都回不去了。李渊这家伙又打着反对自己的旗号，江都看来也不是很安全，那就把国都迁到南京，偏安江南一隅，离这些危险人物远一点，日后也好东山再起。可是杨广的如意算盘，却遭到了部分大臣的反对。

反对杨广迁都南京的有两类人：一类是以大将军李才为代表，理由是皇帝应该保持威严，既然盗贼四起，那就应该下定决心平定叛乱，而不是想着迁都。但问题是杨广没有平定天下的能力。另一类是以谋士李桐客为代表，理由是江东面积狭小，恐怕养不了这么多人，老百姓会负担不起，到时还会有人造反，情况只会更难控制。

李桐客的担心很快就变成了现实。守卫江都的是杨广的禁军，禁军当中有很多关中人，如果长期不回关中，士兵的思乡情结会越来越重，容易引发士兵逃亡。而杨广准备南迁的消息也在禁军中传播开来，士兵们思乡的情绪更加强烈。不久，禁军中的一个名叫窦贤的首领带着一帮人集体逃跑了。

杨广听说禁军中有人逃跑，很是震惊。这是守卫江都的精锐部队，逃跑可不是个好兆头，必须严加处置，抓回来一律格杀勿论！他命令自己最信任的司马德戡统领禁军，驻扎在逃兵逃跑的必经之路上，防止有人再次逃跑。但杨广忽略了一点：

士兵逃跑是为了和家人相聚，为了这份亲情，再危险也要尝试一下。

杨广让司马德戡统领禁军，是因为自己信任司马德戡，但身为关中人的司马德戡其实和禁军士兵们想法一样，人心思归，挡是挡不住的。看到杨广丝毫没有西归的意思，司马德戡感到很失望，心想：既然你不带我们回去，那我们就自己回去。可是窦贤的下场历历在目，司马德戡不敢轻举妄动。

司马德戡明白要想回到关中，必须联合更多的人，法不责众，这样才能分担被杀头的危险。于是，司马德戡去找元礼和裴虔通商量："现在到处都是反贼，关中让反贼给占了，咱们的家属还在那里，真是担心啊！"这话说得很有技巧，没提一句做逃兵的计划，反而从士兵最挂念的亲人入手，试探大家的反应。

现在是乱世，各地战火纷飞，亲人在远方，安全没有任何保障，太让人挂念了，不如回家去保护他们吧。在看清大家的反应后，司马德戡讲出了自己心中的想法：不如咱们带着禁军一起回关中老家。这个提议得到了大家的赞同。于是，三个人分头去联系各自熟悉的人，并得到了很多人的响应。

司马德戡西逃的计划，得到了很多人的响应，表明杨广这个领导很失职，很不得人心。在司马德戡的号召下，大家决定一个月后集体逃亡。但是这个计划遭到了宇文智及的反对：不让咱们回关中，是杨广的决定。如果把杨广弄下台，大家回关中就没什么阻力了。

在司马德戡的号召下，想逃回关中的不下万人，有的人已经公开讨论制定逃跑路线，甚至有些极端的人，声称要杀掉杨广。一个宫女知道了这件事，上报给杨广。但杨广的做法让人怎么都想不通：他责问宫女是否有证据，宫女拿不出证据就认定是没有的事情，并对宫女说扰乱人心是要被砍头的。这么一来，再没人上报杨广了。

在众人眼中，杨广是自己回关中最大的障碍，在杀掉他之前，需要推选出一个可以代替他的首领。最合适的人选出来了，这个人就是宇文化及。

宇文化及被众人推选为杀杨广的首领，刚开始他认为是众人把自己往火坑中推，想要推辞掉。但没想到弟弟宇文智及也参与了兵变，如果杨广追查起来，自己同样脱不了干系。宇文智及还及时提醒他，干掉杨广后，你还可以做皇帝。做皇帝这个诱惑，谁能拒绝得了？再加上宇文智及等一帮人的怂恿，宇文化及决定大干一场。

宇文化及当时想：现在天下这么多人都争着要当皇帝，我宇文化及为什么就不能当？你李渊"反杨广，立代王"的目标才完成了一半，剩下的一半"反杨广"就由我来做吧。天下所有造反的人之中，我离杨广最近，条件可谓是得天独厚，你们谁也没有我杀掉杨广方便。何况，我的理由很正当，为了让广大士兵回到家乡，相信所有的人都会拥护我。

宇文化及成了反军的首领，现在要做的就是多拉拢人，让越来越多的士兵听从自己的指挥。虽然大家平时有怨言，但这并不意味着他们关键时刻就真的会付诸行动，造反的风险大家是知道的。于是，宇文化及准备假借杨广之手激怒士兵，一旦士兵失去理智，就会更容易控制，剩下的只需要推波助澜就行了。

在宇文化及的授意下，司马德戡召集全体禁军将士，故意散布了一则假消息："无道的昏君杨广听说大家想要回关中，特意准备了大坛的毒酒，说一会儿要宴请大家，准备把你们全部毒死！"士兵们一听到这个消息，顿时炸开了锅。

士兵们听说杨广宁愿毒死大家都不让回家，慷慨激昂，准备集体"罢工"。司马德戡又添油加醋："杨广说过，谁要是敢逃走，定斩不饶！窦贤的下场大家看到了，如果我们逃走，恐怕下场会和窦贤一样啊！"士兵们一听这个，彻底被激怒了：我们都要"罢工"了，你杨广还不给我们留条活路，那就只有拼死抗争这一条路了。

士兵们的怒火已经被点燃，他们渐渐失去了理智。既然杨广不给大家活路，那就干掉他，管他是不是皇帝。经过宇文智及、司马德戡等人的密谋，反军决定将城门全都关上，但都不要上锁，这样是为了方便禁军直接进入内殿。他们还分头把守城内各处交通要道，防止杨广事先得到消息逃跑，确保可以成功抓住杨广。

宇文化及带领众人开始了除掉杨广的行动，并进行了明确的分工：第一，宇文智及带领一路人包围整个皇城，搜捕皇亲国戚及朝中大臣；第二，司马德戡带领一路人到宫中抢占要地，清除障碍；第三，裴虔通带领一路人直奔杨广的寝室，捉拿杨广。可以看出，这个计划很完美，基本能把杨广的势力一扫而空，彻底打垮。

大家造的是杨广的反，就一定要先抓住杨广，不然一切都是徒劳。裴虔通当即带领千人以最快的速度冲向杨广所在的成象殿，在整个宫殿内进行拉网式搜捕，却发现里面空无一人。

裴虔通的责任是找到杨广，活要见人，死要见尸。如果杨广真的跑了，万一给外边的哪个将军下道平叛的圣旨，那今天参与兵变的所有人都会死无葬身之地。但将士们把成象殿翻了个遍，也没找到杨广的踪迹，裴虔通吓得后背直冒冷汗。就在这个时候，一个禁军将士忽然说道："我们忘记搜永巷了，皇上可能在那里。"

永巷是皇宫中的长巷，是未分配到各宫去的宫女的集中居住处，也是幽禁失势或失宠妃嫔的地方，这是皇宫中最不起眼也是怨气最重的地方，难道杨广会跑到那里去？不管有没有，先去找了再说，于是大家一窝蜂地奔向永巷。进到永巷后裴虔通看到了一个宫女，在对宫女威逼询问后，明确了杨广的所在之处。

杨广身为一个皇帝，为了求生竟然躲到宫女的住处，皇帝的威严也是不顾了。杨广在面对抓获他的令狐行达时，虽然脸色苍白，却没有求饶或逃跑，而是声音异常平稳地说："你们是想要杀我吗？"虽然虎落平阳被犬欺，但终究还是一只老虎，平稳的声音透出帝王的威严，即使不发威也会让人战栗。

令狐行达被杨广的帝王之气所震慑，扶着杨广去见裴虔通。这时的杨广，更多的是愤怒，他实在想不通这个在自己做晋王时就被他当作亲信的人，这么多年来始终保护自己的人，现在为什么会背叛自己。而裴虔通对此的解释是："我并不想谋反，只是将士们都十分想家，迫不得已，我也不过是想和陛下回关中罢了。"

杨广见裴虔通百口莫辩的羞愧模样，也转变了语气："我想回去啊，只是长江上游的米船还未到，我想再等一等，既然大家都等不及了，那我就和你们回去吧。"事情发展到这一步，放杨广走是不可能的，不然后果不堪设想。造反这种事，谁还幻想着能回到以前的亲密关系呢？

裴虔通之所以抓到杨广没把他立即杀掉，是想带着活人去向宇文化及邀功请赏。不管怎么说，杨广曾十分信任他，杀掉杨广自己会背负很多的骂名，就让宇文化及去决定他的生死吧。但让裴虔通郁闷的是，宇文化及一见到杨广就蔫了，很心虚很害怕。这时裴虔通再次站了出来，送佛送到西，让手下杀掉了杨广。

杨广，曾是隋朝的最高统治者。隋朝在他的手中兴盛，在他的手中衰败，不得不让人唏嘘。临死前他还在向对自己下手的臣子追问为什么要杀他。是啊，为什么杀你？你忘记了东征高丽而阵亡的数万将士，为修建东都洛阳累死的壮丁，惨死的父亲杨坚和大哥杨勇！

萧皇后作为杨广的妻子，陪他走完了这一生。这个生前取得无数荣耀的男人，死后终于回归宁静。后来，萧皇后被迫前往突厥，在李世民大破突厥后，才被迎接回长安。公元647年，萧皇后逝世。唐太宗李世民以厚礼将萧皇后和杨广合葬。

杨广死后，他遭兵变被部下所杀的消息，就像夏天暴风雨来临之前的一声惊雷，震惊了无数人。李渊、李密、王世充、窦建德等人等待的机会终于来了，这时候就看谁有能力成功站到权力的最高峰，谁就能开创一个属于自己的全新的时代。

杨侑名义上是皇帝，但实际上不过是李渊扶立的傀儡。隋炀帝死于江都之变的消息传来，李渊见杨侑已无用处，于同年五月逼他退位，自行称帝。杨侑被降封为酅国公，闲居长安。

大业十四年（618）五月二十日，李渊在长安太极殿正式称帝，改国号唐，建元武德。而这个时刻距离李渊起兵，正好一年的时间。

武德元年（618）六月，李渊立大儿子李建成为皇太子，封李世民为秦王、李元吉为齐王。为了让国家更加强大，当然要先规范内部秩序，无规矩不成方圆。李渊深知高薪养廉的治国之道，凡有功、有才之人都有封赏，任命裴寂为右仆射、知政事，刘文静为纳言。

李渊突然提拔裴寂，引来了刘文静的忌妒。论能力，刘文静高过裴寂。但要说雪中送炭，裴寂高过他。可刘文静就认为裴寂只会拍马屁，所以时不时给李渊打小报告：现在您是皇帝了，不同于以前了，某些人即使功劳再大，也是服从于您，您应该适当地与他们保持距离，不能让他人看笑话。

李渊一下就听出了这番话是针对裴寂说的。对于这两个爱将，李渊最了解他们了，总是吵吵闹闹的。现在裴寂是自己跟前的红人，刘文静心里有些不舒服，也可以理解。所以对于刘文静的话，李渊总是一笑了之，告诉刘文静不要想太多，只要为国家出力，都少不了好处的。

李渊万万没有想到，自己亲近裴寂的举动，却给刘文静招来了杀身之祸。一开始，裴寂和刘文静两个人还相安无事，因为他们需要共同面对一个外部敌人——此时已经在兰州称帝的另一个军阀薛举，这个敌人确实给李渊带来了极大的麻烦。这就好比是头天娶媳妇，第二天就有人来抢新娘子，明摆着不给李渊面子。

话说薛举头脑简单，四肢发达，属于有没有枣先打一竿子再说的那种人。薛举一上台就自称西秦霸王。后来经人指点说"霸王"这个称号似乎不太吉利，当年西楚霸王项羽的结局尽人皆知，所以薛举把称号改成"秦帝"，把自己比作秦始皇，统一天下。

薛举显然缺少坐上头把交椅的实力，步兵虽然不少（号称三十万），个人能力和李渊、李密、窦建德等人比起来，还是略逊一筹。

不过，打仗可不是小孩儿玩过家家，薛举为了将风险降到最低，拉上了一个合伙人——梁师都，他认为只要合作愉快，定会互利双赢。梁师都也是隋末的地方割据势力，最后用使绊子的手段称大丞相，又联兵突厥共同反隋，并自称皇帝，国号梁，建元永隆。突厥始毕可汗封他为大度毗伽可汗，解事天子。

六月十日，薛举亲率大军越过泾州，直扑长安，同时令部将钟俱仇领兵进关中。面对薛举的来犯，李渊不慌不忙。此时的李渊已经不再像一年前刚刚起兵的那个阶段了，现在可谓是兵多将广。而薛举，兵虽多，但将少，手下只有他的儿子薛仁杲还算能征善战。

面对来势汹汹的"纸老虎"薛举，李渊迅速做出部署，毕竟这是李渊称帝后的第一场仗。虽说对方的手下钟俱仇和梁师都刚入军，解决他们不在话下，但薛举亲率的这一路大军是劲敌。所以李渊不敢怠慢，亮出了自己的王牌——李世民。同时以刘文静和殷开山为左右翼率领八大总管共计三十万人，正面迎击薛举。

李世民率领大军到达长武（今陕西省长武县西北）时，薛举的大军正好也来到此地。于是双方拉开阵势，随时准备决战。

面对薛举的大军压境，李世民采用了闭城不出的策略。李世民考虑到薛举劳师远征，且身后群山耸立，补给肯定相当困难。他的想法是跟薛举打持久战，等到薛举的士兵粮草将尽疲惫不堪的时候，再搞定他。于是李世民命令所有的人，无论薛举怎么骂就是不能出战。总之一句话，坚决不学宋老生！

人算不如天算，就在这个时候，李世民突然病倒了。李世民在病中将军队的指挥权暂时交给了刘文静和殷开山两个急性子，并一再叮嘱两个人务必遵守自己的策略，坚决不要出战，一切等他病好了再说。

此时的唐军正摩拳擦掌准备与薛举大战一场。殷开山心想：哼！我家主人现在是皇帝，我家将军战无不胜，长安都拿下来了，一个小小的薛举，怕他干吗！出去跟他干一场！

殷开山对刘文静说："秦王是怕咱们没能力打败薛举，所以才不让出兵。我想薛举现在知道咱们秦王生病，一定很嚣张，不如咱们打个胜仗回来，让秦王高兴高兴冲冲喜。"殷开山这一通忽悠，令刘文静很动心。而刘文静也是个"贼大胆儿"。两个"贼大胆儿"统领全军，这个仗想不打太难了。于是，一场大错就此酿成。

七月九日，李世民苏醒了。"秦王，您总算醒过来了。"说话的人是手下陆冲。"我昏睡了多长时间？""您从昨天午时，一直昏睡到现在，我都快担心死了。刘、殷两位大人昨天下午就带队伍到城西扎营，今天估计要和敌军交战了。"说话间陆冲将拧好的毛巾敷在李世民的脑门上。李世民一把扯下毛巾，急忙起身坐了起来。

李世民明白，对付薛举是小儿科，但是刘文静和殷开山不是薛举的对手。"赶快让刘文静把队伍立即收回城里！"李世民似乎已经看到了刘文静和殷开山被薛举打得溃不成军。

高城西南，刘文静和殷开山以及八大总管率领八万步兵摆开阵势。刘文静将八万唐军布成了一个前后两节的阵形，其中殷开山率领的骑兵排在阵形前部，刘文静率六万多步兵跟在骑兵之后。从几何阵式上分析，阵形属于前窄后宽的圆锥形，呈现出一个无坚不摧的攻击之势。

刘文静在战车上正襟危坐，步、骑两军紧紧围绕在以刘文静为中心的周围。这时，一名元帅府军佐从军阵的空隙穿出，向这边赶来，口中长啸着"报——"。军佐飞快地跑到刘文静面前，递上了李世民的书信。刘文静皱着眉头读完。他对军佐说："回去告诉秦王，就说书信我已经收到，但敌人已在对面，等我击破敌人后，回去再详谈。"

刘文静的自信变成了自负，甚至是刚愎自用。他看了看已经准备好的唐军，手中宝剑刺入半空："前进！"攻击就此开始。冲在最前边的是刘弘基带领的一队骑兵，他们向薛举的军阵发起猛烈的冲击，经过几番较量，薛举开始有些坚持不住了，缓缓地向后退去，同时不断射箭阻止大唐骑兵的追击。

看到骑兵逐渐将敌军压制住，刘文静心中窃喜，然后令旗一挥，刹那间，八万唐军声势浩大地向前涌动。刘文静在后方设想着骑兵部队把敌军冲击得差不多时，再让步兵冲上去。

刘文静犯了"冒进"的错误，带领八万唐军跟随在骑兵的背后，紧追慢赶来到一个名叫浅水原的地方。说是浅水原，其实是一片巨大的开阔地。刘文静注定将在这里翻船。宋老生曾经离开霍邑城不到三里，李渊就用鳄鱼剪从背后剪断了他的后路。李渊能够想到，薛举为什么就想不到？何况高城附近是一马平川。

刘文静有骑兵，薛举也有，而且无论高级军官还是实战经验，作战能力一点不比刘文静的差。所以，刘文静带领八万唐军继续敲锣打鼓地前进时，薛举的骑兵已悄悄地从背后抄了刘文静的后路。

不好，腹背受敌！然而一切都晚了，纵使刘文静肋生双翅，也断难带全部将士飞离重围。先前被唐军骑兵冲击得不断后退，也是薛举耍的一个花招，目的就是引蛇出洞。李世民早看到这一点，所以始终采取按兵不动的迎敌模式。没承想，八万唐军此刻就像面团一样，被薛举军逐渐压成了一张千层饼。

刘文静在乱军中试图组织队伍抵抗，但很快被薛举的骑兵部队冲散，唐军像被大型收割机经过的麦地一样一个个倒地，而刘文静毫无办法。

这时，一名卫士拉着刘文静的战马，在一百多名贴身保镖的保护下向南奔逃。绝大多数队伍都被打散，只有刘弘基还掌握着一支三千多人的步骑，他不断呵斥着，令队伍向南撤退。这支且战且退的队伍很快引起了薛举的注意。"追上去！一个也不能让他们跑了！"他派了数千名精骑对唐军进行追击。

无奈之下，刘弘基只好用弓箭组成一堵防御墙来阻击敌人的攻势。薛举的骑兵也不着急，利用马力的优势，绕着这支队伍不停地打圈、调戏、嬉笑、怒骂，时进时退，引诱唐军不停地射箭。当唐军的羽箭耗完后，西秦骑兵便蜂拥而上，来回冲杀，很快将刘弘基这三千多人杀光。

刘弘基在与两员敌将对杀时，坐骑的后面中了一刀，他和坐骑几乎同时倒地，被五六名敌兵一拥而上，死死地按在地上。那一刻，他紧闭双目，万念俱灰。刘弘基是李渊手下爱将，宋老生就是被他一刀结果了性命。

浅水原一战，唐军惨败，四万唐军阵亡，两位总管被俘，更要命的是现在李世民还在病床上。此刻的薛举就像一头冲出笼子的老虎，想一口吞掉李世民。薛举大军进逼高城，对于李世民，能活捉就活捉，活捉不了就拿首级。总之，不灭掉唐朝，誓不回军。

当李世民听到刘文静战败的消息后，他勉强拖着病体站起身来。"刘长史向何方撤退？"李世民问身边的随从。"听探马来报，刘将军一路向南而去！""向南？"按照正常情况，刘文静打了败仗，应该退回城里，为什么要向南而退？李世民皱紧了眉头。

忽然，李世民的眼睛一亮："传我将令，放弃高城，退回长安！"是的，李世民的判断没错。刘文静向南而去，是想逃回长安，而他不撤回高城，是因为他已经无法撤回高城。唯一的理由就是：刘文静受到了薛举的前后夹击。

刘文静想逃回长安是可以理解的，但是高城内的李世民便成了孤军。指望李世民率领高城人民与薛举浴血奋战，很难守得住高城。李世民勉强支撑病体来到城楼上，指挥守军打开城门，接收败退而归的唐军入城，随后，他便看到了不远处薛举的人马正向高城杀来。李世民才是薛举真正的猎物，打败刘文静在薛举看来就像捏死一只蚂蚁。

"放箭！不要让敌军靠近护城河！"李世民急忙命令道。就这样靠着弓箭的威力，李世民逐渐顶住了薛举的进攻。夕阳西下，薛举一通猛打，很快人困马乏，他下令停止攻击。心想反正高城现在已经是一座孤城，看你李世民能够坚持多长时间。薛举命令三军原地休整，明日再攻。但是薛举万万没有想到，就是他的这个决定，放走了李世民。

李世民召集所有将领做出决议：今夜趁黑逃出重围！深夜子时，三万多将士口衔箭杆，马蹄裹布，从东门分批撤退。也许薛举的人马实在太累了，李世民从他的身边经过时竟然毫无知觉。

李世民就这么侥幸地撤回了长安，不，应该说是逃回。他不知道该怎样面对十分信任自己的父亲。平生从无败仗，这是李世民的第一败，当然他并不知道这也是他的最后一败。面对着跪在地上的李世民以及那些剩下的总管，李渊轻轻地叹了口气。

"都起来吧。"李渊的声音很轻。众人缓缓地站了起来。"陛下，此次战败乃臣之罪也，与秦王无关，臣愿担死罪！"说罢刘文静又跪倒在地。"还有我，陛下！这次背着秦王出战是我的馊主意，我也愿以死谢罪！"殷开山说道。"我是主帅！一切责任应由我来承担！"李世民的眼眶有些湿润。"唉，好啦！好啦！"李渊似乎有些无奈。

"肇仁（刘文静）啊，你什么都好，就是憨大胆，要这样下去，朕很担心你啊。"李渊的话似乎有弦外之音，但刘文静当作了耳旁风。"杀了你们有用吗？杀了你们最高兴的是薛举！"李渊抬高声音说道，"但是这次浅水原之败，实在大大削弱了我军的士气。打了败仗并不可怕，可怕的是军心涣散！"

李渊撤了刘文静、殷开山的职务。坦白地讲，李渊的处理很仁慈，其实只是形式上处理了两个人，实际上是罢官留权。

最后李渊说了一句话："知道我最想听你们说什么吗？那就是不灭了薛举就不来见我！"是的，最好的赎罪方式就是打败薛举！所有的人都明白这是个将功补过的机会。机会很快就来了。李渊苦苦思索怎么对付薛举时，突然传来一个消息：薛举暴毙！

薛举死后，他的儿子薛仁杲上任。有其父必有其子。老子虐俘且嗜杀，薛仁杲继承了他父亲嗜杀的喜好。

当李渊听到薛举暴毙的消息后，知道西秦是秋后的蚂蚱，"倒闭破产"是一定的。因为在他看来，薛仁杲跟他爹的政治谋略、治国方针比起来逊色多了。所以，李渊想趁此机会一举灭掉西秦。

为了让西秦势力从这个世界上永远消失，李渊连夜召开军事会议商议平定薛仁杲的计划。在这次会议中，唐朝确定了平灭西秦的战略：一是继续由李世民率刘文静、殷开山等将领担负平定薛仁杲的重任；二是致信另外一股势力李轨，寻求联合。

想收拾薛仁杲直接跟他开战就是了，干吗非得把李轨拉进来？这是李渊的一个策略：远交近攻。就是联络距离远的，进攻邻近的。这是战国时秦国平灭六国采取的一种外交策略。李轨的根据地在凉州（今甘肃武威），薛仁杲的根据地在金城（今甘肃兰州），李轨在薛仁杲的西面，而李渊在薛仁杲的东面。

李渊联合李轨，意味着将会对薛仁杲形成前后夹击之势，同时，也可以避免薛仁杲与之建交。两国建交后说不定李轨一迷糊从背后拍上薛仁杲一黑砖，那将会省去自己很多力气。至少薛仁杲会顾忌身后的李轨，不敢轻举妄动。只要能达到这个效果，与李轨"建交"的目的就达到了。

薛举活着的时候，常派部将常仲兴侵犯李轨的领地，骚扰李轨的边境，搞得李轨东躲西藏，从那以后李轨和西秦结下了很深的梁子。为此李轨很是伤脑筋，现在李渊主动抛出橄榄枝，李轨当然不会拒绝。而且薛仁杲现在成了光杆司令，李轨绝不会放过这个痛打落水狗的机会。

为了达到联合的目的，李渊特意给李轨发去亲笔信。就像曾经联合李密一样，李渊在信中极尽恭维之词，并且把李轨称为"从弟"，实际上等于认了李轨这个干哥们。李轨看完信后很高兴，立即派自己的弟弟李懋去长安给李渊进贡，这就等于李轨承认了大唐帝国。

李渊很高兴，马上册封李懋为大将军，同时派专使到凉州册封李轨为凉王，还商议要将公主嫁给李懋。

李轨派李懋去长安，一方面表达了李轨的诚意，另一方面也在试探李渊的诚意。

九月一日，李世民率大军再一次来到高城。高城曾经是李唐的地盘，如今镇守这座城池的是薛仁杲。李世民率领大队人马来到这里后，命令士兵原地待命，不许出战。因为李世民已经为薛仁杲编织了一张美丽的包围网。

一个多月前，李世民本想用这个方法，打算把薛举拖得筋疲力尽时，再一举打败他。只可惜运气不好，不幸病倒，才有了刘文静、殷开山的惨败。相信这一次，薛仁杲就不会有这么

好的运气了。为什么李世民两次都下令坚守不出呢？堂堂大唐
王朝的秦王李世民难道甘愿做缩头乌龟？当然不是！

上次刘文静败给薛举，除了轻敌，还另有隐情，那就是骑
兵太少。薛举依靠强大的骑兵，把刘文静往死里碾，而唐朝缺
少骑兵。缺少骑兵，其中一个最关键的原因是缺少马匹。西汉
刚建立那会儿，也是缺少马匹，官员们大多用牛拉车。唐初的
状况和西汉初年很相似。

据说当时唐朝能找到的马只有三千匹，加上李渊从老家
山西带来的马匹，相信谁都可以算出当时唐朝能够组建多少
骑兵。也就是说，上次刘文静率领的与薛举在浅水原对垒的
骑兵部队，可以说是李唐王朝骑兵的全部家当，惨败后数目
肯定又削减了不少。

而薛举就不同了，白手起家时就把杨广设在陇右的牧场据
为己有。据说陇右的牧场有两万匹马，其中不乏良驹宝马，而
且薛举的军队其成员大多都是陇西人，彪悍勇猛。相传每周薛
举都会对部下进行"六艺"考试，"御"是一门必修课，凡不
及格者一律补考，且三年不准出战。这样一来薛举的军队人彪
马悍，刘文静要是不败反倒不正常了。

李世民正是看到了这个差距，所以这一次继续下令不许
出战。不可否认，李世民是中国历史上屈指可数的骑兵战专
家，但是眼下他也是巧妇难为无米之炊，只好暂时忍耐一
下。但是，手下的那些热血青年实在有些按捺不住，在背后
议论纷纷。

有人说秦王不出战是上次让薛举打怕了，有人说秦王不
出战是太年轻，有可能被吓住了，也有人说秦王深谋远虑，

可能制订了一个中长期作战计划。将士们的议论很快传到了李世民的耳朵里，为此，李世民特意下了命令：敢言战者——杀无赦！

任凭薛仁杲叫骂，李世民就是不出战！即使骂到李家祖宗八代，还是两个字——免战。这样一来，薛仁杲可是坐不住了。薛仁杲本来就是个急脾气，现在李世民按兵不动，薛仁杲的情绪开始失控。但是薛仁杲是忌惮李世民的，心想：既然你不出战，我就成全你，咱们就这么耗着！随后，薛仁杲分兵围攻径州。

薛仁杲的目的很明显，既然李世民不出战，那就分出一部分兵力直接杀向长安。如果李世民回军自救，岂不就解了高城之围，到时候两路大军直奔长安，相信李渊一定会坐不住的。我手里有三十万大军，径州是长安的西大门，其战略地位直接关系长安的安危。

当时镇守径州的是骠骑将军刘感。薛仁杲重兵围困径州，刘感誓死不降，城里断粮时就杀掉战马给手下人食用，而自己则煮马骨和木屑吃。看到有这样同甘共苦的领导，手下没有一个人怯战，都拼了命地坚守径州城，顶住了薛仁杲一次又一次的猛攻。

薛仁杲围困径州令李世民坐立不安，如果领兵去救，等于将高城这一路让给了薛仁杲，无奈之下，李世民将这个情况告知李渊。李渊知道消息后，派长平王李叔良领兵增援。这时的薛仁杲陷入了腹背受敌的境地，既要围困径州，又要顾及李世民，还得提防身后的李轨。

但是随着李叔良的到来，一切都开始发生变化。薛仁杲知

41

道李叔良来增援后，马上意识到自己的机会来了。薛仁杲围困泾州已经很长时间了，当李叔良来到泾州后，薛仁杲意外地下令停止攻城。为什么？军中缺粮。当然，李叔良并不明白，薛仁杲是在要诈，是别有一番用意。

九月十三日，薛仁杲放出消息：由于军中缺粮，解除对泾州的包围，引兵南下。既然缺粮，为什么不回老家？南下干什么？但是李叔良却没这样思考这个问题，他认为这是因为自己的到来，薛仁杲害怕了。

就在李叔良扬扬得意之际，他又得到了一个令他喜出望外的好消息：驻守高城的西秦军，全体投降。这真是再好不过的消息了。在李叔良看来，由于自己的到来改变了整个战局，自己赫赫之功，于是他决定派刘感前去受降。

李叔良派刘感去高城受降。刘感问了李叔良一个很尖锐的问题：高城内的西秦军要是投降，为什么不向秦王投降？这句话的意思是说：薛仁杲连能征善战的李世民都不放在眼里，你一个王爷，薛仁杲会怕你？可惜的是李叔良根本不会思考这些。听了刘感的问题，李叔良硬邦邦地甩给刘感一句话：不去就杀了你！

在刘感看来，即使受降，他也应该和李世民事先沟通一下。如果真是这样，也许刘感的悲剧就可以避免了。可是李叔良已经下了军令，哪里还有回旋的余地？从那一刻起，刘感其实已经做好了战死的准备。与其被自己人杀死，还不如战死疆场！人最大的悲哀莫过于知道结局，而无力去改变。

刘感带领三千人来到高城下。"守城的人听着，我是骠骑将军刘感，特来受降，快快开门！"城头上毫无动静。刘感换了高声又重复了一遍刚才的话，还是毫无动静。

刘感知道投降是假，诱敌是真，所以他没有犹豫，既然不开门，那我就烧。可惜，火终究是抵挡不住水的，刘感这边烧，城头上的人就不断地往下浇水灭火。刘感的努力最终是徒劳的。指望三千人和城中的上万人火拼，本就毫无胜算。所以刘感急忙下令，步兵先撤，自己率领骑兵殿后。

到薛仁杲开火为止，刘感并没有失去信心，毕竟手里还有三千士兵，相信只要奋力一战，突出重围也不是没有可能。但是，他和薛仁杲真正交上手才明白，自己的判断是错误的。因为薛仁杲的骑兵部队实在太彪悍了！二话不说，一通猛砍。刘感寡不敌众，战败被俘。

薛仁杲很得意，曾经作为他老爹的竞争对手的大唐，到他这儿似乎是那么的轻而易举就被自己搞定了。带着几分得意，薛仁杲发令全军继续围攻泾州，绝不给唐军喘息的机会。薛仁杲似乎看到了胜利的希望。

薛仁杲让刘感向李叔良喊话劝降。刘感照着做了，但是喊话的内容与薛仁杲的要求相差甚远。刘感说的是：薛贼粮尽，秦王必救！诸位勉励，努力杀贼！各宜自勉，以全忠节！

刘感的结局是悲壮的。薛仁杲挖了一个大坑，将刘感的下半身埋了起来，上半身露在外面，然后将其乱箭射死。

薛仁杲最终还是没能攻下泾州。城中的士兵拼死抵抗，他们这样做，不是因为守住城池可以得到多少好处，也不是因为可以升官发财，而是因为刘感临死之前说的那些话，那些足以让士兵们坚定地视死如归的忠义良言。这就是忠义带来的力量。

薛仁杲实在很郁闷。他没想到径州城竟然像铜墙铁壁一般，攻了多次，愣是没攻下来。在经过数天的围攻后，薛仁杲实在坚持不下去了，再这样下去，径州城没攻下来，自己内部反而可能会兵变。于是，薛仁杲决定解除对径州的包围，退向折摭城，与高城的西秦军会合。

薛仁杲走后，留守的宗罗睺很好地完成了薛仁杲布置的任务，既不上阵叫骂，也不寻衅滋事，就这么耗着，将李世民牵制在了高城附近，让薛仁杲可以放心大胆地进攻径州。但是，终究人算不如天算，薛仁杲最终因为军中缺粮，放弃了围攻径州，退了回来。

薛仁杲很着急，后勤补给不足，且身后的李轨还虎视眈眈。李世民不着急——自己的身后就是长安，后勤补给十分便利，耗多长时间他都不在乎。薛仁杲万万没有想到，从现在开始，他将和李世民进行长达六十多天的对峙。

李世民不出战，就是想利用薛仁杲的急脾气这个弱点。面对李世民的计策，薛仁杲毫无办法，只能僵持着。

在这场长时间的对峙中，终于有人受不了了。薛仁杲的部将梁胡郎等率众投降李世民。梁胡郎为李世民带去了一个至关重要的消息——薛仁杲军中缺粮。这个消息足以改变战局。胜利的天平终于开始向李世民倾斜了。

面对薛仁杲军中缺粮的情况，李世民开始积极谋划一举歼灭薛氏的计划。有的人认为应该集中优势兵力，猛攻高城，薛仁杲必然顶不住。也有人认为，大军应该对高城缩小包围圈，但要围而不打，相信用不了多长时间，高城不攻自破。李世民毕竟是久经沙场的战将，针对上述两个作战方案他提出了自己的意见。

李世民认为，薛仁杲虽然缺粮，但是如果猛攻高城，西秦军也许会背水一战，到时鹿死谁手还不好说。如果只围不打，西秦的援军来了该怎么办？到时可能就会夹在中间。现在打也不能打，围也不能围，难道真和薛仁杲耗到头发白了不成？李世民有了解决办法。

决战的时刻即将到来。李世民将决战地点安排在了浅水原。决战并不意味着猛冲猛打，正所谓战略上藐视敌人，战术上重视敌人。为此，李世民为庞玉的出场做了精心的部署。

李世民命大将军庞玉在浅水原南面布阵，引诱宗罗睺出战。李世民特别交代庞玉：鱼儿上钩后，先牵着鱼竿，不要拉出水面，同时也不能让鱼脱钩。也就是说，如果宗罗睺出战，只许败不许胜，只要牵制住宗罗睺就可以，至于后面的事，自然有我出马。此战的关键点在于：李世民什么时候出手。

庞玉很好地完成了李世民交给他的任务。阵形保持得非常完好，且战且退。宗罗睺是一员猛将，有勇无谋。他没有看出庞玉是在有意地主动撤退。

宗罗睺继续穷追猛打。庞玉在浅水原南边布阵，也就是说，宗罗睺是面朝南进行作战。浅水原是一大片平坦的开阔地。宗罗睺回身迎战李世民时，已经来不及了。李世民身先士卒率领数百名骑兵，迅速冲进宗罗睺的阵中，加上庞玉的背后夹击，势如破竹，宗罗睺的阵形一下子就乱套了。

打仗不怕人手少，就怕自己乱阵脚。更让宗罗睺绝望的是，退向高城的路已经被堵死。情急之下，宗罗睺决定向折摭城撤退，毕竟自己的主帅薛仁杲还在那里。宗罗睺虽然想得不错，但是李世民是不会给西秦军任何喘息机会的。于是下令：全军进击折墌城！李世民深谙一鼓作气的道理。

就在李世民准备向折墌城进发的时候，却遭到了亲舅舅窦轨的反对。窦轨认为，虽然宗罗睺战败了，但是薛仁杲在折墌城的主力并没有多少损失，如果贸然进兵，恐怕于己不利。平常对这位亲舅舅，李世民一向是毕恭毕敬。但是现在，李世民作为总司令，深知大行不顾细谨，不能因顾虑长幼之礼而失去战机。

李世民对舅舅窦轨只说了八个字：破竹之势，不可失也！然后他率领大队人马，向折墌城围奔而去。

薛仁杲在城下列阵，李世民依泾河面对薛仁杲营地。薛仁杲手下的骁将浑干等人到唐军阵前投降。薛仁杲胆怯，带兵进城坚守。天快黑时，唐朝大军相继到达，包围了城池。半夜，守城的人纷纷下城投降。薛仁杲无计可施，于十一月初八率领文武百官出城投降。

十一月二十二日，李世民胜利而归。长安城锣鼓喧天，鞭炮齐鸣，一片欢腾。李渊在接见李世民等凯旋的功臣时，一眼便看见了薛仁杲。据说李渊说了一句非常经典的话："刘感安在？"这句话一出，等于宣判了薛仁杲的死刑。当初薛仁杲以残忍的方式诛杀了李渊的大将，今日送上门来岂不是偿还欠下的血债？薛仁杲被午门斩首！

平定西秦，是唐朝建立后军事上最大的一次胜利，意义不言自明。

平定西秦对周围大大小小的军事集团具有很强的震慑作用。一些军事集团的领导者，在李渊恩威并施的攻势下，相继投降。在薛仁杲被斩的一个月后，襄平太守邓暠献柳城、北平二郡降唐，被李渊封为营州总管。幽州总管罗艺献渔阳、上谷等郡降唐，被李渊赐姓李，封为燕公，罗艺的部将薛万均封为永安郡公，其弟薛万彻封为武安县公。

平定西秦的第二个意义就是唐朝吞并了陇右的牧场，得到了陇右牧场的大量马匹。这就意味着可以组建一支强大的骑兵部队。事实上，后来李世民组建的玄甲军就是以陇右骑兵为班底的，他们在和窦建德的虎牢关战役中发挥了重要作用。总之，平定西秦，好处大、财富多，大快人心。

李渊之所以能够顺利地一路打向长安，正是因为有李密在东部截住了隋军的主力，使李渊避免了腹背受敌。李密在东部与驻守洛阳的隋军主帅王世充大战了六十多次，双方半斤八两，基本打平。虽然不分胜负，但是李密在李渊攻打长安、平定西秦的过程中起到了举足轻重的作用，这时李密已经很疲劳了。

谁都知道长安才是成就帝业的地方，但李密无法像李渊那样，攻下长安据为己有，李密有自己的苦衷。当初李密用计杀掉翟让成为瓦岗军的头领，但是瓦岗军的班底毕竟是人家翟让组建的。也就是说，到现在为止，除了头领换人之外，瓦岗军的内部结构并没有什么实质的变化。

那么瓦岗军的根基究竟是什么呢？答案是山东豪杰势力。也就是说，除了李密是关陇人之外，瓦岗军的成员大部分是山东人。

即使李密攻打长安，也没有把握，虽然其身份是关陇望族，但实际上他在关陇地区没有任何群众基础，他不像李渊那样，在关陇地区有自己的根据地，进入长安后得到了"三秦士庶"的热烈欢迎。

所以结论就是：李密虽为瓦岗之主，实际上却是个孤家寡人，为此他必须委曲求全地团结山东豪杰势力，不得不将自己的目标指向洛阳。

最令李密郁闷的是，到现在为止，他还没有一块自己的根据地。李渊有长安，王世充有洛阳，萧铣有江南，杜伏威有江淮，窦建德有河北。当然，李密得到了让自己稳定的机会。这个机会出现在宇文化及打来的时候。

宇文化及杀掉杨广后，率领宇文智及、司马德戡、裴虔通等人，一路向西，他们的目的地是关中。想要到达关中，必然经过洛阳。当时守在洛阳的是杨广的孙子越王杨侗。听到宇文化及到来的消息，杨侗的第一反应是——灭掉宇文化及。

当然，杨侗现在是有心无力。李密在洛阳城外，不断地捣乱，要是没有王世充，也许自己现在早就做了李密的俘虏，说不定下场也和他爷爷一样。此时，杨侗当然想不到，自己的结局真的和他爷爷一模一样。

指望王世充对抗宇文化及是不现实的，一个李密已经让他伤透了脑筋。而且李密谁来处理？除了王世充能和他抗衡之外，谁也不行。难道就让宇文化及这么大摇大摆地回关中？杨侗显然不甘心。

此时，一个叫元文都的内史令给杨侗出了个主意：让李密去攻打宇文化及。这是一条非常好的计策，而且是一条除狼去虎的计策。元文都知道李密现在已经很疲劳了，围攻洛阳，不过是想找个稳定的地方发展自己。既然如此，那就让李密进来，前提是消灭宇文化及。

消灭宇文化及，让李密入洛阳辅政，然后随着时间的推移，慢慢分化瓦解瓦岗军。这样做，至少比现在和李密死磕着、硬碰着要好很多。即使李密不肯进洛阳，相信到那时李密一定会比现在更加疲惫不堪，到时再让王世充灭掉李密。

李密得到了杨侗的诏书。诏书的内容大致为：赦免李密的罪过，而且拜李密为太尉、尚书令、东南道大行台行军元帅，封魏国公，可以入朝辅政。当然诏书的最后一句话是：目前东都事紧，先即刻消灭宇文化及。

杨侗的诏书让李密不禁心潮澎湃，奋斗了这么多年，现在终于有了栖身之所。不过以李密的野心，只让他辅政是不甘心的，他的目标是那个万人之上的宝座。先进到洛阳再说，来日方长，李渊可以让杨侑将皇位禅让给自己，我李密为什么就不能让杨侗这样做？

李密和杨侗不再是敌人了，至少暂时是这样，他们有个共同的敌人——宇文化及。就在李密和杨侗刚刚签完书面协议的时候，宇文化及率军进攻黎阳。进攻黎阳，是因为那里有个很大的粮仓，而且是回关中的必经之路。想要攻下黎阳是很不容易的，因为驻守黎阳的是一个有勇有谋的将军，他的名字叫李勣！

李勣，原名徐业勣（"李"是后来李渊给的赐姓），字懋功，曹州离狐（今山东东明）人。这位仁兄早年投身瓦岗军，后随李密降唐。李密能成为瓦岗军的头领，李勣功不可没。当初就是他建议翟让推李密为主。不过，成也萧何，败也萧何，李勣万万没想到自己的这个建议，竟把翟让送上了死路。

在瓦岗军中，李勣的身份很特殊，他原本属于翟让的人，却因为推举李密为主，加入了新阵营。李密杀翟让的时候，并没有为难他，而且还很信任他。可以说翟让死后，李勣摇身一变成了李密的人。

李勣的特殊身份，让李密觉得很棘手。一方面是信任，毕竟当初是李勣力推自己，要是没有李勣，也许就没有今天的自己；另一方面是忌惮，李勣毕竟有着很高的威信，如果有一天这些翟让的旧部闹起事来，相信李勣不会袖手旁观，甚至还会威胁到自己的地位。

所以，李密决定给李勣人马，把他支开，让他去守黎阳。一来黎阳附近有个很大的粮仓（仓城），以李勣的才干，把黎阳交给他自己比较放心；二来给李勣充分的权力，让他死心塌地地效命自己，同时让他离自己远点儿，这也是李密的一个策略。

对于李密的做法，李勣心里很清楚。但是李勣这个人有个最大的特点——知足。在任何人手下工作，他都会兢兢业业，而且从不邀功，从不生事，让什么就干什么，而且肯定尽全力去干好，心里从无怨言。

李勣肩上的担子很重。现在他不仅要把粮仓守好，还要对抗宇文化及！李勣很清楚，宇文化及从江都带来的部队，曾经是杨广的禁军部队，战斗力那就是一个字——猛。他来到黎阳没多长时间，宇文化及就打来了。

以自己手中的这点人马和宇文化及对抗，简直就是以卵击石。为此，李勣致书李密，提出了自己的建议：放弃黎阳，退保仓城。只要把粮仓牢牢地掌控在自己手里，就算宇文化及占领了黎阳，没有粮食，那也没用。这个建议得到了李密的同意。

宇文化及似乎轻而易举地就占领了黎阳。但是进了城他才发现，城中一粒米也没有。老百姓也都撤走了。黎阳，现在是座名副其实的空城！宇文化及差点把鼻子气歪了，从江都一路跑来，指望进了黎阳城，能美美地吃顿饱饭，没想到被李勣这小子给耍了。没有粮食是不行的，于是全力围攻仓城。

就在宇文化及信誓旦旦地要拿下仓城时，李勣已经做好了准备迎战宇文化及，李密率领两万人马悄悄地把军队驻扎在清淇（今河南滑县西南）。他的目标明确，当宇文化及进攻仓城时，从背后对其进行突袭。

更要命的是，宇文化及的军中开始缺粮。看来一切战争的后勤保障工作都十分重要。当初薛仁杲就是吃了这个亏，现在宇文化及又即将因此栽跟头。很快，宇文化及军中缺粮的消息传到了李密那里。李密决定忽悠一下宇文化及。具体的方法是：求和。

当李密求和的时候，宇文化及本能地产生了一种征服的快感，认为李密是因为害怕自己才求和的。

李密求和具体的表现是：答应给宇文化及送粮。一个长时间与你为敌的人，突然对你殷勤百倍，正常人的第一反应是疑惑。但是宇文化及非但没有疑惑，反而下了一道命令："赶快吃光自己的粮食，李密要是知道咱还有余粮，肯定就不给咱送粮食了。"

令宇文化及失望的是，粮食吃完了，李密却没有送粮。宇文化及左等右等，上等下等，怎么也等不到，最终连一粒米也没有见到。这可不得了了，全军几万人都等着吃饭呢！如果长时间没有粮食，最终只有两个结果——兵变或者逃亡！无论哪一种结果对宇文化及来讲，都是不能接受的。

但是宇文化及依然幻想着李密很快就会把粮食送来，并且是李密亲自押送，具体程序是：李密做送粮大使，身上背着荆条，走在队伍的最前边，后边带着人马，马上驮的正是急需的军粮。

就在宇文化及和他的几万人马饿得心发慌时，忽然李密的部将来了。这人之所以来到宇文化及身边，是因为他在李密那里犯了死罪。他告诉宇文化及送粮的事纯属李密使用的计策。

宇文化及听到这句话时，差点气死过去。如果这个人再晚来几天，后果将不堪设想。现在既然已经知道了事情的真相，那就丢掉所有不切实际的幻想。亡羊补牢，犹未为晚！战场上与李密决一死战。

七月一日，宇文化及率军渡过永济渠。在这场惨烈的童山之战中，双方来了一场真刀真枪的战斗。两个人带领手下诸多兄弟，从早上八点一直打到下午五点。

据史书记载："密与化及大战于黎阳童山，为流矢所中，堕马闷觉，左右奔散，追兵且至，唯叔宝独捍卫之，密遂获免。"这句话的意思就是：李密在战斗中被箭射中，从马上摔下来，昏倒在地，旁边的人见此景四散乱跑，只有叔宝去救李密，李密才幸免于难。

秦琼，字叔宝，齐州历城（今山东济南）人。秦琼是个名人，知道他的人也许比知道李密、宇文化及、王世充、窦建德的人还多。相信大家都知道秦琼当锏卖马的故事，也都知道他被封为门神的故事。

历史上的秦琼就是一员猛将，除此之外，并无任何特长。之所以能出名，就是因为在童山之战中他独自救了李密。但是秦琼注定不是昙花一现的人物，他将在后来的玄武门事变中为李世民冲锋陷阵。

不可否认，瓦岗军粮食是充足的，但是除了粮食之外，似乎也就没有什么了。千万不要忘记，人们在填饱肚子之后，还会有其他的需求。而这些需求，瓦岗军想要拥有，基本都是靠缴获而来。当然缴获的东西，并不专属某一个人。如何分配，要听李密的。

分配是门学问，分配公平了，大家都高兴；分配得不公平，大家都会有意见。可惜的是，李密在这个时候表现出重视新人、忽视熟人的态度。李密的想法很简单，既然都是熟人，大家在一起这么多年了，分得少一些，不会有人计较。而新来的人，当然要紧密团结。

这里的新人指的是隋朝大批的降将，熟人指的是瓦岗旧部。瓦岗军每次冲锋陷阵，都是这些旧部冲在最前头。现在可好，仗打完了，那些新来的人分得战利品多，这些玩命的旧部反倒晾在了一旁。

分配不均，如果你是当事人你心里会舒服吗？时间久了，怨气多了，就需找个地方发泄了。所以，李密这次中箭坠马，没有几个人伸出援助之手。幸好还有一个秦琼，不然的话，李密也许早就死了。在秦琼的积极努力下，瓦岗军顶住了宇文化及一次又一次的进攻。

傍晚时分，宇文化及实在坚持不住了。他实在不明白，没有李密的瓦岗军为什么战斗力还是如此强大？其实原因很简单：大家想活命！这和有没有李密没有多大关系。宇文化及军中已经开始缺粮，现在手下的士兵和瓦岗军足足拼斗了八个小时，如果再没有粮食，即使不被瓦岗军击败，也会饿倒在战场上。

所以，宇文化及下令停止攻击。但问题是，粮食从哪里来？宇文化及左思右想，终于想出了一个办法——抢老百姓的粮食！宇文化及的这个做法，遭到了百姓的强烈抗议。

宇文化及手下的某些人对抢老百姓的粮食表现出强烈的不满，手下也有些很有骨气的人物，老百姓的骂声，比抽他们一百鞭子、打他们一千个耳光还难受。难道想让老百姓都参加瓦岗军不成？

七月五日，兵部尚书王轨率众加入了李密的队伍。七月八日，大将陈智略带领岭南一万骁果军（隋朝御林军，多是关中人，骁勇善战，故称"骁果"）加入了李密的队伍。七月十日，大将张童仁、樊文超率领数万江东骁果军投降李密。一时间，李密的队伍迅速壮大。

宇文化及实在没有颜面在洛阳待下去了，最终带着两万残兵败将，逃到了魏县（今河北大名）。

童山之战，宇文化及不败而败，李密不胜而胜。李密是幸运的，只因为宇文化及做出了一个愚蠢的决定。现在对于李密来讲，基本上算是完成了东都洛阳派给他消灭宇文化及的任务。长久以来，李密一直想拥有一个稳定的地方寻求发展，现在即将就任辅政之职，李密的心里乐开了花。

在战场上，李密大难不死被秦琼救起。看起来，"大难不死，必有后福"这句话还真是有些道理。但事实告诉我们，大难不死是可能的，必有后福却不一定。就在李密梦想着成为像霍光、诸葛亮那样的人物时，东都洛阳出事了。这件事改变了很多人的命运，当然也改变了李密的命运。

王世充，字行满，本姓支，出自西域。后徙居新丰（今陕西西安市临潼区东北）。王世充很重视人才，曾经在自己的门外，立下三块牌子，上边分别写着："一求文才学识堪济事务者；一求武艺绝人冲锋陷阵者；一求能理冤枉拥抑不申者。"文臣，武将，外加法制建设。如果他出生在贞观年间，一定是个出色的宰相。但是，眼下是乱世，王世充必须要为自己的生存考虑。

这一次，他发动军事政变，其目的很简单：不让李密进洛阳。针对李密的问题，东都洛阳内部分为两派。一派是以王世充为首的部分军官，主张与李密对抗，宁可让李密打死，不能让李密吓死。另一派是以元文都为首的部分文官，主张对抗李密，不一定非得打打杀杀，具体的方法就是对李密封官许愿，然后让李密去打宇文化及，无论谁胜谁败，其实力都会受损，如果李密获胜就让他进入洛阳，到时再分化、铲除其势力。

应该说，两派的方法虽然不同，但是目标都是一致的，那就是灭掉李密。

李密能够铲除翟让，夺取瓦岗军的最高领导权，绝非等闲之辈。王世充现在最怕的是，李密进入洛阳后，主张对他封官的人会和李密勾结。毕竟他们和李密并没有本质上的冲突，无论是杨侗当皇帝还是李密当皇帝，他们的利益都不会受到损失。所以，遇到互惠双赢的事情，谁不愿合作？

以王世充为首的部分人马与李密进行了六十余战，双方杀得天昏地暗，谁都想把对方打倒在地，可谓是"仇深似海"。李密要是真的进了洛阳和元文都勾结在一起，那么王世充的人将死无葬身之地。所以为了保险起见，王世充决定发动军事政变，将洛阳的军政大权掌控在自己手中。

九月十一日，王世充率领大军到达偃师，在通济渠南岸扎营，并且在通济渠上开始架桥，只等桥架好后，就将全力进攻李密。李密也毫不含糊，率领大军驻扎在北邙山下，随时"恭候"王世充的到来。趁着王世充架桥的工夫，李密紧急召开了一次军事会议，商讨怎样对付王世充。

在会议上，率先发言的是裴仁基。裴仁基，字德本，河东郡(今山西永济)人，少好弓马，精通武艺。曾经参加过平陈战役。大业十三年 (617)，裴仁基献虎牢关投降李密，被封为上柱国、河东公。

会议上，裴仁基为李密出了一个妙计：王世充出城欲与我军决战，我们坚守不出，让他无法向东前进，然后再选派三万精兵，沿着黄河向西，直取洛阳。如果王世充回军自救，这三万人就按兵不动；如果王世充再回军向西攻击我们，这三万人就再进逼洛阳。这样一来，王世充必然疲于奔命，我们就会掌握主动权，然后再伺机一举歼灭他。

裴仁基的方案得到了李密的赞赏。裴仁基进一步分析：王世充的现状，一是武器精良，人员训练有素；二是拼死来战，士气高昂；三是洛阳缺粮，已无后路可退。如果我们坚守城池，来个守株待兔，我估计用不了十天，王世充必败无疑。

新投降的陈智略持反对态度。"主公！素闻瓦岗军勇猛无敌，难道从秦王到主公都只会坚守城池吗？我等前来投奔，是仰慕瓦岗军的威名，想在这大干一场，建功立业，大丈夫应该在战场上与敌人一决雌雄，岂能龟缩不出？"

就在诸将七嘴八舌地说个不停时，一个人开口说话了："我同意德本的意见！"声调并不高，却很有力。说话的人正是魏徵。

魏徵，字玄成。元宝藏举郡归降李密后，他又被李密召为文学参军，掌书记。此时的魏徵还不是后来贞观时期的那个名相魏徵，在今后的日子里，他还要经过诸多的风霜历练。

所有人都反对裴仁基时，唯有魏徵坚决地和裴仁基站在一起。魏徵认为："我军刚刚和宇文化及打完仗，将士们身心俱疲，需要休整。如果现在贸然迎战，估计胜算不大，所以我同意德本的意见，应该坚守城池，和王世充拼消耗。"不料，魏徵刚刚说完，就遭到了长史郑颋的嘲笑。

"哎呀，玄成啊玄成！我说你们这些文官，看来就会干些抄抄写写的事，只要一提打仗，你们总是前怕狼后怕虎。"他的这番话，让魏徵彻底愤怒了。"胡说！打仗不是儿戏，岂可意气用事！一着有损，满盘皆输。到时郑长史你负得了责任吗？"郑颋顿时语塞。

李密见气氛不好，赶紧往下压："大家说的都有道理，我看不如这样吧，咱们少数服从多数，现在主张坚守的只有德本和玄成两个人，其他人都同意出战，现在我宣布全力迎战王世充。"

瓦岗军现在是损失惨重、疲劳至极，所以王世充明白，不能和李密耗得时间太长。但他忌惮瓦岗军的战斗力，为了摸清瓦岗军现在的真正实力，王世充决定先派遣几百名骑兵渡过通济渠，对驻扎在偃师的瓦岗军做一次试探性的攻击。当时驻扎在偃师的瓦岗军将领是单雄信。

单雄信是一员猛将，勇冠三军，在瓦岗军内部号称"飞将军"小李广。但是这个人缺点同样很突出：做事轻率，应变能力不足。李密深知单雄信的缺点，为了防止单雄信出现闪失，命程知节和裴行俨前去助战。

其实，历史上的程知节和秦琼一样，并不是那么出名。但不能否认的是，程知节的确是堪比张飞的猛将。这次前去助战单雄信，裴行俨不幸被流矢射中，程知节忍着被敌人长矛刺中的疼痛，愣是把敌人的长矛折断，然后杀散了追兵，将裴行俨救出。

全军之中只有一个猛将，不足以改变整个战局。王世充用了区区几百名骑兵，就把瓦岗军搅得大乱。

通过攻击单雄信的偃师阵营，王世充增加了许多自信，于是决定对李密发动总攻，给予李密致命的一击。

九月十二日清晨，王世充率领大军向瓦岗军发起了猛烈的攻击。王世充虽然人数上不占优势，但由于是突然进攻，所以很快占得先机。

不过，瓦岗军毕竟人多势众，经历了最初的慌乱之后，在李密的指挥下，很快就稳住了阵脚，开始对王世充进行猛烈的反攻。顿时，双方杀得天昏地暗，电闪雷鸣。时间一长，王世充人数的劣势开始显现出来，渐渐地，瓦岗军开始掌握主动权。就在这时，王世充使出第二招：搬出假李密。

"李密已经被我抓到，瓦岗贼寇还不快快投降！"什么？我被抓？正杀得兴起的李密，突然听到自己被抓，一时间愣在了那里。瓦岗军所有的人都愣在了那里。当李密回过神来的时候，战局已经发生了变化。

骁果骑兵从山谷中杀出，一口气杀进李密的大营，和王世充的主力部队夹击了瓦岗军。瓦岗军顿时大乱，士兵四处逃窜，溃不成军，有些士兵吓得当时就投降了王世充。

李密带着一万多人逃回了洛口，准备闭关休整。

王世充是个精明的人，他知道李密虽然败了，但是并没有彻底地被消灭，绝不能给他任何喘息的机会。就在李密刚刚到达洛口，还没来得及喘口气的工夫，王世充便以迅雷不及掩耳之势渡过了洛水。

守将邴元真率众投降王世充，这彻底打乱了李密的部署，如果稍有不慎，还有可能受到邴元真和王世充的夹击。此时李密忽然想起了身在偃师的单雄信。单雄信现在是离自己最近的，自己身处险境，他为什么不来相救？原来单雄信已经投降了王世充。李密此时真是墙倒众人推，鼓破万人捶。

现在瓦岗军能够控制的地方，除了黎阳，就只剩下河阳（今河南孟州）了。河阳距离李密最近，所以李密决定退保河阳。在河阳，他终于迎来了一个亲密的战略伙伴——王伯当。诸将之中，唯有王伯当自始至终紧紧追随李密。

在河阳，李密召开了一次大会。李密率先发表重要讲话："诸位，今日之败，是我的失误，但是我们不能这样无休止地撤退，我认为只要我们在这里守住黄河，再和黎阳的李勣联手，打败王世充并不困难。"

李密刚一说完守住黄河，再和黎阳的李勣联手，就遭到了众人的反对。"不能在这里久留啊！现在我们刚刚打了败仗，人心惶惶，如果没个安全的地方好好休整，后果将不堪设想啊！"

再三思虑，李密有了新想法："我倒是有个办法，我本是关中人，如果弟兄们愿意，不如和我一起回关中！"

武德元年（618）十月，李密带领两万人马来到了长安。

李渊在长安接见了李密。一见面，李渊还是继续吹捧李密，只是这次吹捧的意义已经完全不同，吹捧李密等于是抬高自己。这就是老谋深算的政治家。

不可否认，李密有谋略、有才能，可是比起李渊来，他缺少的是政治经验。而李密却看不透官场人心，当初他没有选择东山再起，如今又不愿默默无闻，这就注定了他的结局。此刻，在他的脑海里开始萌生了反唐的念头。李密彻底下定决心反唐，是因为李勣降唐。

当初李密因为猜忌、隔阂等种种原因，没有去黎阳会晤李勣，而是来到关中投靠李渊，但在唐朝人看来李勣还是李密的部下，而且黎阳粮食充裕，战略地位十分重要，所以李渊决定招安李勣。当时跟随李密一起降唐的魏徵，主动承担了这个任务。在魏徵的努力下，李勣表示愿意降唐。

在降唐事件上，李勣要了个手腕，他把黎阳刚做完普查的土地人口册献给了李密，然后以李密的名义再上交给李渊。这个做法，是想为自己捞取一个忠君的名声，毕竟自己还是李密的手下。这样做会让李密很有面子。他的这个做法，得到了李渊的肯定，李渊给了他很高的封赏和荣誉，并且赐姓"李"，改名李世勣。

李世勣万万没有想到，他的这个做法会把李密推向深渊。因为他献土地人口册给李密，意味着还是把李密当作唯一的主子，而且当时在山东地区和李世勣一样的大大小小的瓦岗头领，还有很多，在李渊看来，这些人如果都把李密视为唯一的领导，即使以后都归降了唐朝，也是不稳定因素。

李密的势力实在过于强大，李渊越发感觉李密是埋藏在自己身边的一颗定时炸弹。自此，李渊开始处处排挤李密。处处遭受排挤，使李密的心情一落千丈，又想起自己曾经的部下李世勣如今被李渊争取了过去，李密心中的郁闷达到了极点。

李密会选择沉默吗？不！那当然不是李密的性格。不在沉默中爆发，就在沉默中死亡。经过一番激烈的思想斗争，李密决定反唐。当然，自己身处长安之中，反叛是没有希望的。为此，李密想出了一个金蝉脱壳的妙计。李密恳请前往山东招抚他的很多老部下，让他们归降大唐，一展大唐国威。

武德元年（618）十一月二十九日，李密再次整装出发，前往山东。临走之前，李渊对李密语重心长地说："玄邃此去山东，希望能够建功立业，大丈夫一言既出，驷马难追。曾经有人在我面前叫我不要派你去山东，但是朕真心对待兄弟，别人是不能离间咱们的。"李渊还让王伯当和李密同行。

想忽悠李渊，李密实在太嫩。望着李密远去的背影，李渊不禁轻轻地叹了口气。针对李密的第一个考验就此开始。李密刚刚走到华州，忽然接到李渊的命令，要他把一半人马留在华州，另一半出关。这是考验李密是否有异心，如果有异心的话，李密自然不肯放弃那一半人马。

可惜，李密留下的那一半人马都是李渊的亲信。走到稠桑时，李密又接到李渊的命令，让其部队慢行，李密一个人回长安，接受新的安排。

李渊一会儿放我出长安，一会儿又让我回长安，李密开始迷惑了。他不知道自己正在一步一步地走进李渊布下的迷阵。稠桑的前方就是桃林县，再往前就出了关中的地界，为什么偏偏在这个时候让李密独自回去？李渊的葫芦里究竟卖的什么药？答案是：让你看见造反的希望，但是你的一切还都在我的掌控中。

桃林县是个很关键的位置，在这个地方召回李密，李密如果想反叛，自然是信心百倍，因为往前一步，就出了关中地界，只要出了关中，李密就龙归大海了。但是，桃林县距离熊州很近，李密如果白天造反，熊州的守军晚上就会到达桃林县，也就是说，李密还没飞出李渊的手掌心。

李密当机立断：反了！

李密造反的决定，遭到了贾闰甫的强烈反对。"你现在不再是从前的瓦岗之主了，当初你杀了翟让，人人在背后都说你忘恩负义。即使你现在出了关中，也没有人会真心和你合作的，他们会担心自己和翟让的下场一样，你要三思啊！"贾闰甫说完，泣不成声，泪流满面。

可惜的是，李密现在已经完全失去了理智，也许是在长安寄人篱下的生活使他备受压抑，也许是贾闰甫的话刺痛了他那颗易碎的心，总之一句话，李密现在什么话也听不进去。不仅听不进去，李密竟然认为贾闰甫已经背叛了他，居然要拔刀杀了他，幸亏王伯当反应得快，及时阻止了李密。

十二月三十日清晨，李密和王伯当带着几十名士兵冲进了桃林县衙，并控制了整个县衙。至此，李密和唐朝彻底决裂。李密占领桃林县后，派人向旧将尹州刺史张善相传令，要他派兵接应。同时，李密为了防止李渊援军的到来，到处散布准备进军洛州的谣言，从而迷惑李渊。

李密的计划，终究没能瞒住一个人，这个人的名字叫盛彦师。盛彦师当时是熊州守将史万宝的助手。熊州距离李密最近，理所当然地应该去平叛，可是当史万宝知道李密反叛的消息后，这个熊州守将在第一时间表现出了智慧的一面。

熊州守将史万宝对盛彦师说："李密是个厉害角色，又有王伯当辅助，现在决定反叛了，而且手下的将士都迫切地想回到东部，咱们如果没个平叛的万全之策，可不能草率行事啊！"

可盛彦师却说："李密算什么？他要是厉害角色，还能投降皇上？请将军给我几千人，我一定能把李密的人头带回来。"

听了盛彦师的话，史万宝笑道："哦？盛将军你可有良策？"

"兵者，诡道也！不可细说！"盛彦师说得镇定自若。

盛彦师的设想是：在熊耳山伏击李密。盛彦师让弩手埋伏在山谷高处，等李密的人马走到一半时万箭齐发。盛彦师又安排刀盾手随自己埋伏在山谷隐蔽处，等弓箭手放完箭，再一起杀出。"此战必胜！不胜则死！"盛彦师立下了军令状。

李密率领人马来到熊耳山谷口时，他停下了脚步。熊耳山虽不高，却很陡峭。过了熊耳山，就能和张善相的人马会合了。

此刻，李密万万没有想到，进了这座山，他就再也没出来。李密最终被盛彦师的刀盾手砍下了脑袋，王伯当也和他一同战死。盛彦师将李密的首级送到长安，得到了李渊的重赏。该怎么对待李密的首级呢？李渊忽然想到了李密的老部下——身在黎阳的李世勣。还是送到黎阳吧，相信在那里，李密一定会受到隆重的安葬。

出于对李密的尊重，李世勣按照君臣之礼，厚葬了李密。

第 二 章

为了理想
——李世民奋力一搏

公元598年，李世民出生在陕西武功。

公元618年，李世民被封为秦王。

公元621年，李世民打败窦建德，消灭夏政权。

公元626年，李世民发动"玄武门之变"，杀死太子李建成、四弟齐王李元吉，逼迫唐高祖李渊退位后登基，史称唐太宗。

公元627年，李世民改元贞观。

◇◆◇◆◇

　　唐高祖李渊虽然有多个儿子，但窦皇后亲生的只有长子李建成、次子李世民、三子李元霸和四子李元吉。李渊把李建成立为太子；次子李世民被封秦王，为尚书令，统领群臣；四子李元吉被封齐王。在选择继承人的问题上，不管立嫡还是立长，李建成都名正言顺是李唐王朝的第一继承人。

　　李建成比李世民大，要论知名度，李建成在唐初和李世民是无法相比的。在兵荒马乱的隋末，李渊前往山西就任太原留守时选择带着儿子李世民，而李建成虽然可以独当一面，却被留在河东看家，从此处也可以看出李渊对李世民能力的肯定。

　　李建成最精彩的一仗是长安攻坚战。当李渊的部队打到长安城下后，李建成部负责从东、南两面攻城，李世民部负责西、北两面。虽然哥俩都拼命想争取做第一个攻取长安的人，但由于种种原因，最后还是李建成部从东边率先突破，李建成在长安攻坚战中立了首功，也成功展示了自己卓越的军事指挥才能。

　　李渊成就霸业之后，李建成为太子，李世民对此颇有微词。但考虑到国家大局，李世民还是南征北战、东杀西伐，同当时各地割据势力进行顽强的战斗。在这个过程中李世民的名气越来越大，威望越来越高，当然野心也越来越大，他已经把成为太子作为自己的目标。

李世民平时表现出的咄咄逼人，让大唐太子李建成感到了巨大威胁。早在唐朝建立不久，李建成其实就已经感到弟弟李世民的排场越来越大，如果不加以控制，早晚会威胁到自己太子的地位。为了应对这种威胁，需要剪除秦王日渐丰满的羽翼，李建成认为，首先要除掉李世民的心腹刘文静。

李渊在晋阳举兵造反的时候，刘文静和裴寂都是李渊的左膀右臂，刘文静还在李渊危难时出使突厥，功莫大焉。唐朝建立后，李渊对裴寂的封赏和信任却远大于刘文静，裴寂做大丞相府长史，还被封魏国公，其他封赏无数；而刘文静只做了大丞相府司马，封鲁国公，也没有其他封赏，这让刘文静内心很不平衡。

刘文静和裴寂功劳持平，开国后享受的待遇却相差很大。裴寂在皇帝眼中那是香饽饽，无论怎样都是对的；而刘文静就不一样了，任职没有实权，后来又被派到李世民的西讨元帅府当司马，结果又因战争失利被免官，直到和李世民一起平定了薛举才复职。复杂的经历让他亲近李世民而把裴寂作为对手。

刘文静将目标对准了裴寂，却被告发，惊动了李渊。李渊马上派人把刘文静抓起来，借故杀了刘文静。

刘文静对唐朝有开国大功，却被结果了性命，刘文静临刑前说出了"飞鸟尽，良弓藏，故不虚也"，对刘文静有惺惺相惜之意的李世民听了这句话感觉浑身发颤。的确，自己功劳再高，和太子李建成将来也只能君臣相称，谁知会不会落个同刘文静一样的下场。

李渊为了防止儿子之间互相争斗，采取了许多防范措施。李世民被封为天策上将，李元吉被封为司空后，李渊借刘黑闼起兵之际，令李世民和李元吉前往讨伐。战事刚一结束，李渊就命令李元吉暂掌兵权，让李世民回都述职。这种急于将兵和帅分开的做法其实就反映出李渊对李世民的防范。

刘黑闼战败后阴魂不散，很快又卷土重来。太子李建成主动请缨，带领弟弟齐王李元吉一同出征。这次不但战果辉煌，而且这次出征过程中，李建成与李元吉结成政治联盟。李建成是为了巩固自己的太子地位，李元吉则有着先除秦王、再除太子的打算，兄弟俩各怀鬼胎地如此结盟，让李世民的地位变得尴尬起来。

李元吉与李建成结盟后，为了尽快达到先铲除秦王的目的，整日劝太子及早对李世民动手，甚至还表示自己愿亲自上阵杀掉李世民。有一次李世民和李渊去他的领地，他竟然派了刺客准备暗杀李世民。

李渊认为只要自己在三个儿子中搞好平衡，就能避免隋末皇子之间流血夺权事件的重演。当他看到李世民的军功越来越大，就不再让他率军征战，李世民也就没有了再立战功的机会。为小心起见，李渊每次出门三兄弟里要带走两个，他认为这样把三兄弟分开，他们就不会有闹事的机会了。

杨文幹是太子的护卫统领，深得太子李建成信任。李建成为了对付秦王李世民，私自在外地招募了两千余人守护东宫，趁李渊带着秦王、齐王外出，李建成私下叫杨文幹将这些人带到京师。不想此事被人揭发，杨文幹一看事情败露，索性举兵反叛，最终，李渊派李世民带兵把这场叛乱平息。

李世民奉李渊之令平定杨文幹叛变之前，李渊曾隐晦地向他许诺：如果此次叛变和太子李建成有关联，平叛之后李建成肯定会受到惩罚。李渊表示虽然不会杀掉李建成，但会废掉李建成的太子之位，并将其发配蜀地。这样一来，李世民被立为太子的可能性变得非常大。得到这一许诺的李世民哪能按捺得住，立马奔赴战场第一线。

杨文幹叛乱被平，虽然查明此事和李建成关系莫大，但由于李元吉和嫔妃为李建成说情，加上大臣封德彝在李渊面前的一番巧言，李渊改变主意，仍以李建成为太子。一场风波最终风息浪止，大家又暂且相安无事。但此事在李世民心中埋下了仇恨的种子，不仅是对李元吉和封德彝，而且还包括自己的父亲李渊。

隋唐时期，突厥军事实力非常强大，对中原政权构成了极大威胁。唐朝初期，由于不堪突厥骚扰，朝廷上下纷纷建议迁都。李渊、李建成支持迁都，而李世民坚决反对，为此李世民还和李建成发生了激烈的争执。李建成害怕长期作战会让兵权落到李世民手中，而李世民想通过对外作战，提升自己的影响力。

李渊看到儿子们为迁都之事争执不下，委派李世民和李元吉共同督军出兵，抵御突厥。这样既照顾了李世民的想法，又打消了李建成的顾虑，看似高明至极，其实正是他这种姑息式的纵容，既害了他三个儿子，又害了他自己。

在李世民看来，自己功劳巨大，又有经天纬地之才，治理国家方面绝不比太子李建成差。

李世民对太子之位的渴望被许多人看在眼里，李渊为了防止特殊事件发生，更加在他们兄弟之间搞综合平衡，李世民面对李建成和李元吉的联手打压，渐渐处于下风。再加上太子的政治影响力和特殊地位，李世民在朝中越来越受到排挤和非议，这让忠于李世民的人感到非常纠结。

李世民试探性地找到心腹商量造反之事，却被一口回绝，他虽然愤怒但仍没有灰心，由于他有过担任陕东道行台尚书令的经历，所以他以地形险要的洛阳作为据点，在河南一带积聚实力，以便"一朝有变，将出保之"，并且委派将军张亮到洛阳，用重金收买洛阳一带的军事力量，为以后造反做准备。

李建成了解李世民的最新动向后，采纳了魏徵的建议，利用彻底平定刘黑闼叛乱的时机，广泛笼络山东豪杰，培植自己私人的地方势力。他秘密联络燕王李艺，借调三百精锐骑兵，增补东宫防卫部队。同时，挖空心思在河南发展支持自己的军事力量。这样一来，从中央到地方都形成了两大阵营的对垒。

在朝廷中，李建成最重要的支持者是大宰相裴寂和惯于见风使舵的封德彝。裴寂深受李渊的信任，在朝中威望很高。封德彝这个人就不好说了，起初他比较看好李世民，曾经数次在李世民面前献计如何对付太子李建成，后来却又投入李建成的阵营。

李世民在朝中最主要的支持者是萧瑀、陈叔达等人。萧瑀与裴寂相同，深得唐高祖李渊的信任。他本是隋炀帝杨广的小舅子，投诚之后被李渊任命为礼部尚书、宋国公，可见他在李渊心目中的地位。陈叔达是朝中坚定的挺秦王派，由于其在朝中的重要地位，为李世民登基发挥了重要作用。

就这样，在李渊的"带领"下，李世民和李建成整日陷在你死我活的争斗之中，他们不但拼命培植自己的力量，还在后宫寻求各自的支持者，更要千方百计打击或收买对方的属下。

有一次，李世民因军功赐给淮安王李神通几十顷良田，而李渊的宠妃张婕妤之父也要这块地。秦王令在前，皇上令在后，所以李神通不买账，于是，要地的妃子就完全倒向李建成一边，李世民暂时失去了后宫的支持。最后，李世民还是靠着长孙王妃向后宫示好，才重新获得后宫的支持。

唐高祖武德九年（626），数万突厥骑兵再次入侵，唐高祖李渊不得不安排人去和突厥作战。按以往的惯例，应该让有跟突厥作战经验的秦王李世民统兵御敌，但由于害怕军权会再次落入秦王李世民之手，太子李建成提议由齐王李元吉和燕王李艺带队出征，一场血雨腥风即将开始。

心怀不善的齐王李元吉得到出征命令后，计划点名让秦王李世民手下将领尉迟敬德、秦叔宝等一同出征，这样一来李世民在都城就成了孤家寡人，李元吉出征后李建成就可以为所欲为了。也许是李世民命不该绝，李元吉和李建成的密谋恰好被李建成身边的一个家臣听见了，而这个家臣是李世民的人，于是李世民得到这一消息。

李世民通过密报了解到李建成和李元吉准备杀掉自己，便立即与长孙无忌、尉迟敬德等亲信密商对策，最后大家一致认为要先发制人。可事到临头李世民却有些踌躇难定。尉迟敬德鼓动他，说该下决断的时候，犹犹豫豫不是明智之举，狭路相逢勇者胜。

武德九年（626）六月初四，在长安城北宫门——玄武门发生了一场争夺皇权的政变。当时李世民已经买通了玄武门守将常何，他亲自率领自己的精锐力量埋伏在玄武门，静静地等待李建成和李元吉的到来。二人毫无防备地来到玄武门，随着李世民一声大喊，伏兵四出，李建成死于李世民箭下，李元吉则被尉迟敬德射杀。

玄武门发生的事件很快传遍全城，东宫和齐王府的卫士听说玄武门的情况后，立即集合冲向玄武门，与秦王的人马展开了一场激烈的战斗。原本李世民兵力处于弱势，但由于张公谨死守关门，秦王妃长孙氏领来一群不明真相的宫中卫队帮忙，加上她的舅舅高士廉放出囚犯增援，李世民取得了决定性的胜利。

杀死李建成和李元吉之后，李世民命尉迟敬德全身披挂硬闯入宫，代替自己吓唬李渊。李渊看到尉迟敬德，果然非常惊慌地问道："外面乱哄哄的，到底发生了什么事？是谁在作乱？你来这里干什么？"尉迟敬德以保护李渊为借口软禁了李渊，然后，李世民以李渊的名义发号施令。

在这场政变中，李世民先发制人，杀死了李建成和李元吉，逼李渊立自己为太子。

公元626年，李渊退位为太上皇，李世民继位，是为唐太宗。

第 三 章

实现梦想
——李世民的帝王情怀

公元626年，突厥军临长安，李世民与突厥签订"渭水之盟"。

公元628年，李世民派遣柴绍、薛万均征讨梁师都，梁师都部被灭。

公元630年，李世民平定东突厥，俘虏颉利可汗。

公元630年，李世民任用贤良，虚怀纳谏，实行轻徭薄赋，进行军事、政治改革，史称"贞观之治"。

公元630年，李世民被北方各族尊为"天可汗"。

公元635年，李世民派人平定吐谷浑，吐谷浑首领慕容伏允被俘。

公元640年，李世民派遣侯君集打败高昌。

公元643年，太子李承乾被李世民废黜，平定齐王李祐的叛乱。

◇◆◇◆◇

　　李世民登基之后做的第一件事就是赦免太子李建成的人。他为了笼络这些人，宣布了一个非常人性化的赦免令，即对东宫的人既往不咎，愿意跟着我的，保留官位；不愿意跟着我的，发些盘缠，回家养老。

　　李世民的赦免令稳定了原太子集团的人心，于是投奔李世民的人越来越多，且都得到了重用，他们中有两个代表性的人物：薛万彻和魏徵。

　　薛万彻是李建成的爱将，在"玄武门之变"中，如果按照他的想法应该派人直接攻打秦王府，置李世民于死地。"玄武门之变"后，他认为自己罪大恶极，立即逃往终南山（属于今陕西秦岭山脉）。李世民向薛万彻伸出了橄榄枝，邀请他回朝为国效力。

　　薛万彻在李建成死后明白，再想依靠旧主建功立业已是痴人说梦，先前之所以逃出长安，就是怕李世民不肯容纳他。现在李世民主动向他示好，他便抓住了这个机会，回到了朝廷。

　　作为原太子集团的红人，魏徵虽不能驰骋沙场，但他有一样别人不具备的品质——耿直。在李世民心目中，耿直的人往往也大多是忠义之士。"玄武门之变"后的第八天，李世民召见了魏徵，魏徵的耿直也给李世民留下了深刻的印象，李世民决定不惜一切代价留下魏徵为他所用。

李世民当上皇帝之后，认为朝廷想要做出合理的决策和正确决定，还是要集思广益，而大臣往往不敢对皇帝的提议说出自己的真实想法，这对国家是个很大的损失。

李世民敏锐地意识到了言路畅通对国家的种种益处。为了让大臣畅所欲言，他排除万难，以各种手段和方法鼓励大臣们积极上书言事，在国家大事上各抒己见。为了给大臣们创造宽松的政治环境，他规定只要提出对国家有利的建议，一经采纳必有重赏。

李世民在位二十三年，进谏的大臣不下三十人，魏徵一人就进谏了二百多次，进谏数十万言。

李渊在位时，宫廷生活相对来讲是比较奢华的，浪费现象严重。李渊为了享乐曾开凿人工湖以供游玩，这些奢华最终都要由百姓买单，所以百姓苦不堪言。李世民登基后下令国家倡导勤俭节约之风，所有奢华用度必须停止，从而开了一个勤俭治国的好头，受到了百姓的拥护。

李世民登基后的新举措，给朝廷带来一股清新的风气，尤其是一些人性化的举措一扫他在人们心目中兄弟相残的暴力形象，人们觉得这个昔日的秦王虽然年轻，但他是一个很有见地的新式君王。在他的领导下，国家实现了清明大治，于是全国上下出现了一派生机勃勃的繁荣景象。

武德九年（626）八月，趁李世民登基之后立足未稳，突厥颉利、突利二可汗率兵十万余人向长安发起进攻。突厥人虽然野蛮但也深通"无利不起早"的定律，他们不清楚李世民对自己是怎样一种态度，所以想利用这次机会探探路。

据说突厥的这次袭击也并不是他们自己的主观想法，他们受到了当时仅存的梁师都部的蛊惑。梁师都作为割据方，看到唐朝江山一统，知道最终有一天唐朝的屠刀会架到自己的脖子上，想和唐朝进行军事对抗又没有这个实力，所以，狡猾的梁师都想借突厥之手教训一下唐朝，让他们自顾不暇。

突厥大军一直打到距离长安城西北二十公里的渭水附近才停下脚步，毕竟这次突厥的主要任务是试探。颉利可汗到了这之后就意识到这里已经是大唐的核心国土，能够打到这儿，已经证明突厥的军事实力。况且突厥此次是客场作战，长安作为唐朝的国都，必有重兵守卫，因此他们不敢轻举妄动。

突厥首领谨小慎微，为了知己知彼，他派心腹执失思力去长安探听虚实。严格地说正是突厥可汗一个个令人匪夷所思的决策挽救了大唐的国运，执失思力可能是个威猛的武将，但对于外交完全是门外汉，他在面见大唐新任皇帝李世民时，本想吹嘘一番，却遭到李世民一顿呵斥，并被关押起来。

面对突厥的袭击，虽然自己在战场上和突厥是老对手，但李世民还是感觉到了沉甸甸的压力。根据目前唐朝的兵力，和突厥正面对抗只能是死路一条。不过，善于用兵的李世民敏锐地察觉出突厥人这一次的袭击和以往不同，突厥人裹足不前其实是想不战而屈人之兵，因此，唐朝想胜利就不能在气势上输给对方。

面对突厥的十万大军，李世民仅带了房玄龄、高士廉等六人进了突厥大营。李世民的举动让突厥可汗不知所措，再看看李世民身后旌旗招展，人头攒动，在摸不清虚实的情况下，突厥可汗和李世民交谈一番后果断地撤兵回去了。

李世民的空城计发挥了巨大的作用，突厥可汗在占据绝对优势的情况下突然退兵，李世民也因孤身涉险退敌十万余人成为中国历史上的经典人物。这一仗没有耗费一兵一卒，却树立了李世民在唐朝民众中的良好形象。

"玄武门之变"后，正式掌权的李世民为了回报多年来支持自己的伙伴，决定对这些人进行封赏：房玄龄、杜如晦、长孙无忌、尉迟敬德、侯君集被封为国公。他的叔叔淮安王李神通对此次封赏提出了尖锐的意见。他认为房玄龄和杜如晦不过是草根人物，封赏绝不能在自己这个王叔之上，而且自己是第一个响应秦王政变的人，也有很大的功劳。李神通这句话代表了出身高贵的大臣和自认为功勋卓著的人的心声，在朝堂之上有很大的杀伤力，李世民却当场对李神通进行了不留情面的驳斥。

李世民对当朝大臣进行了分析之后认为，目前朝廷中分为三大派系：武德旧臣派、秦王府旧属和太子集团旧党。这三个派系在利益的纠缠之下整日争斗不休，严重影响了国家事务的处理，这也是李世民决心建立一个高素质管理团队的初衷。李世民公开斥责叔叔李神通其实就是想震慑某一部分大臣。

唐太宗李世民当政初期，大臣中的太子集团旧党由于不属于嫡系，心理处于弱势，因此没有大的政治诉求；而秦王府旧部是李世民的嫡系，纪律严明，也没有在朝廷中产生恶劣影响。最让李世民头疼的就是武德旧臣派。

相比那些工作效率低下的武德旧臣令李世民生厌，朝廷中的李靖等大臣时时让李世民感到快慰，他们对朝廷斗争漠不关心，在工作上属于埋头干活型。贞观之治，如果说文臣得益于房玄龄、魏徵、杜如晦等人，那么他们作为武将也为盛世的开创提供了有力的保障。

为了解决权力分配问题，李世民在朝堂上公开进行了关于如何治理国家的大讨论。魏徵认为只要运用王道，大乱之后必有大治。而武德忠臣封德彝认为如果按照魏徵的办法，天下很难出现清明之象，只有实行霸道的治国方案，才能实现天下太平。封德彝的思想和魏徵对立起来，但李世民明显同意魏徵的理论。

李世民虽然常年在外征战，但他总结了历史教训，认为只有仁义治国，实行王道，国家才能长治久安；如果采用严酷的刑罚，国家很难维持长久。他从这次治国理念大讨论中发现了大批和自己施政理念相悖的人，这让李世民很是失望。

朝廷中绝大多数人都和李世民的以王道治国的理念相左，如果把这些人全部免职，也不太现实。况且唐朝的行政制度决定了皇帝不可能亲自管理官员，只有三省中的尚书省才能进行官员的日常管理。李世民权衡利弊，决定从尚书省开刀。

很不幸，萧瑀成了第一个被李世民改革掉的对象。萧瑀是主张用"霸道"治理天下的主要人物，他的人缘一向不好。虽然他和李世民是老交情，可大家都对他有意见，作为领导的李世民觉得这样不利于工作的开展，况且他和领导的施政理念也有很大不同，改革只能先从萧瑀下手了。

性格决定命运，萧瑀是有着深切感受的。虽然他是名门望族，但由于脾气暴躁，又不能左右逢源，所以，即使是同为武德旧臣派的封德彝也很讨厌萧瑀。李世民也很讨厌萧瑀，尤其看到他看不起房玄龄和杜如晦等人时，李世民就觉得萧瑀很不给自己面子，于是找了个机会免了萧瑀的职。

萧瑀也很幸运，他离开不久老搭档封德彝便去世，李世民只好又安排萧瑀重新上岗任左仆射。李世民的大舅哥长孙无忌时任吏部尚书，这次李世民想让他担任右仆射，引来萧瑀的阵阵牢骚。由于萧瑀在政见上和长孙无忌有着理念上的差异，所以他在朝堂上又一次陷入了孤立无援的境地。

再次复职的萧瑀工作上很不如意，整天郁郁寡欢，终于在贞观元年（627）十二月，李世民再次下令免去萧瑀左仆射的职务。萧瑀算是解脱了，不过李世民没有亏待萧瑀，仍然给了他"政治顾问"的头衔，可以随时参政议政。李世民达到了打压旧派势力的目的。

虽然李世民对自己的团队进行了调整，但他认为幅度还不够大，李世民先后提拔了杜如晦、李靖、魏徵等一批新人进入中枢机构。

李世民执政后对领导班子的调整持续了四年，直到贞观四年（630），李世民才组建了以房玄龄为尚书左仆射，李靖为尚书右仆射，温彦博为中书令，魏徵为秘书监，侯君集为兵部尚书的领导班子。

李世民在朝廷中最后一个要对付的就是裴寂。裴寂是唐朝的开国功臣，地位十分尊贵，但李世民就是看他不顺眼。于是，李世民对裴寂采取了冷处理的办法，让他在心理上和武德年间产生巨大落差。

安排完了内部事务，李世民把目光投向了北方的强大对手——突厥。突厥是一个困扰中原政权多年的少数民族，由于战斗力强大，一百多年间，中原王朝解决突厥问题的方式基本都是和亲加上贡。可这种方式治标不治本，不但没有阻止突厥的侵扰，反而助长了他们的嚣张气焰。

隋文帝杨坚是个有着远大理想和抱负的皇帝，他在执政期间看到了突厥给中原政权带来的巨大危害，在他心中一直希望用武力解决突厥问题，时刻准备彻底打垮突厥。隋开皇三年（583），突厥由于入侵隋朝被隋军重创，内部发生了内讧。突厥的军事实力被大大削弱，最终被隋军赶到西边的河套地区。

贞观二年（628）四月，李世民下令右卫大将军柴绍和殿中少监薛万均率军进攻梁师都所在的朔方，同时命令夏州司马刘兰成做好攻击突厥的准备。事情的发展正好在李世民的预料中，在梁师都的哀求下，突厥派出援军赶往朔方营救梁师都，唐朝和突厥正式开战。

唐朝采用包围梁师都、打击突厥援军的办法，在包围朔方的同时，刘兰成对突厥援军进行了顽强的阻击，最终突厥大败而回。失去突厥支援，梁师都很快也撑不住了，在唐军多日的包围下，朔方城严重缺粮，梁师都部被消灭。

李世民之所以被称为军事家，是因为他在军事上不是个蛮干的人，对于突厥，他有自己的一整套战略计划。他想利用大唐的影响力，首先从四周孤立东突厥，然后伺机而动消灭敌人的有生力量。为了能联合突厥周边各部，李世民决定先收服最强大的薛延陀部。

突厥周边有许许多多的小部落，由于饱受突厥欺负，这些部落搞起了联盟，他们一致推选薛延陀部首领乙失夷男为最高领袖，联合对抗突厥。对于部落的推选，乙失夷男连连推辞，他很清楚，如果没有强大的靠山，这些弱小部族即使联合也无法抵挡突厥的侵略。

李世民就是在这种情况下找到了乙失夷男，大唐使者坚定地告诉他：和我们合作消灭突厥吧，大唐做你们坚定的靠山。这种天上掉馅饼的好事乙失夷男当然同意。于是，薛延陀部在唐朝的支持下，成为唐朝附属国。

解决了突厥周边问题，征讨突厥被李世民提上了日程，在代州都督张公谨的请求下，李世民感到时机已成熟，立即发布了战争总动员令，迅速完成军队集结。贞观三年（629），大唐军队在李靖的带领下，浩浩荡荡杀向突厥。

即将奔赴战场的主将李靖非常激动，首次对外作战，他的领导李世民就把主将的位置交给了自己。他非常清楚，此战只许成功，不许失败。

唐朝部队攻击突厥，却发现突厥军队并不像传说中的那么可怕。很快好消息传来：十一月二十八日，任城王李道宗在灵州击败突厥；十二月二日，在薛万彻的进逼下，突利可汗投降唐朝。其他三路大军也不同程度地打击了敌人，此时，大军总指挥李靖也率领大军来到了突厥边境——马邑。

李靖明白，马邑再往北就是沙漠，在沙漠作战，由于后勤补给的限制必须速战速决。于是他下达总指挥令，命令其他几路大军向马邑集结，便于集中力量消灭敌人。

贞观四年（630）正月，经过一番考虑，李靖亲率三千轻骑兵，攻击突厥重要的军事据点定襄城。李靖的想法是利用轻骑突击拿下定襄城，然后死守定襄，集合大军就地打击突厥援军。

颉利可汗熟知兵法，他及时识破了李靖的计策，让李靖计划落空，经过慎重的考虑，颉利可汗选择逃避。他这一举动让李靖的速战速决成了一句口号而无法成为现实。李靖通过观察分析，又生一计——只要能在突厥军中实施离间计，一样可以打赢突厥。

李靖不按套路出牌，主动进攻定襄城。突厥将领康苏密无奈之下只能投降，把定襄城拱手让给李靖。

颉利可汗听到康苏密降唐，十分震惊，他不明白康苏密是如何从自己眼皮底下溜走的。不过为了彻底拖垮唐军，颉利可汗决定继续后撤到阴山以北，从而引诱唐军深入。颉利可汗撤退的计划给李靖带来无尽的烦恼，想到领导李世民期盼胜利的眼神，李靖热血沸腾了，他决定赌上一把。

由于突厥可汗要后撤到阴山以北，李靖调并州道都督李世勣率军火速赶往白道截击突厥，然后让张公谨和自己一起去和李世勣会合。李世勣在两天两夜的紧急行军后，追上了突厥主力部队。李世勣的军队来不及休息马上投入战斗，毫无防备的突厥溃不成军，颉利可汗拼死突围，退到铁山。

正在为李世勣打败颉利可汗兴奋的李靖接到李世民的诏书，告诉他形势突变，突厥求和，命令李靖率兵护送唐俭到突厥大营。李靖虽然严格执行了皇帝的命令，却在仔细阅读诏书时发现并没有让自己撤兵的消息，凭着自己对皇上的了解，李靖认为应该一鼓作气彻底将突厥打败。

李靖自作主张继续袭击毫无准备的突厥，颉利可汗由于放松了警惕，被李靖打得落荒而逃。李靖派李勣率大军在碛口拦截颉利可汗，走投无路的颉利可汗最后不得不投靠吐谷浑，结果又被唐朝将领张宝相生擒送往长安，不久在郁闷中死去。

李世民北征突厥大获全胜，生擒颉利可汗，取得了边境长久的和平。大军班师回朝，李靖等人受到了李世民的丰厚奖赏。贞观四年（630）五月，北方少数民族为李世民请来"天可汗"的尊号，这一年是唐朝繁华乐章的起始，大唐在李世民的手中开始了它的荣耀之旅。

唐朝建立后，吐谷浑屡犯唐朝边境，唐初由于忙着进行全国统一实在无暇顾及，所以对于吐谷浑的扰乱，基本上是睁一眼闭一眼。只要不大举进犯，让他们抢些东西，满足一下虚荣心也就罢了。但是到了贞观九年（635），一切都改变了，吐谷浑的好运即将终结。

说吐谷浑的好运已经耗尽，是事出有因的，是因为一个人的进言。这个人就是慕容伏允身边的大臣天柱王。

贞观八年（634）六月，天柱王上书伏允，请求出兵攻打唐朝的廓州（今青海化隆）和兰州，理由是这两个地方地产丰富，可以抢夺更多财物。

先前吐谷浑进犯唐境，基本上都是攻打一些小城镇，而这一次天柱王计划攻打的廓、兰二州是唐朝的西北重地，除了物产丰富之外，这两个地方还是唐朝通往西域的咽喉之地。如果这两个地方失守，那么唐朝将会彻底失去对河西走廊的控制。

面对吐谷浑的再次进犯，李世民决定要彻底解决这个来自西部的威胁。

贞观八年十二月三日，李世民重金返聘右仆射李靖为西海道行军大总管，进击吐谷浑。

李靖作为大唐第一名将，让他统帅三军是不成问题的，但此时的李靖已经六十多岁了。在此之前，李靖退休在家里养老，李世民有些为难。但是当李靖知道唐军将要征讨吐谷浑的消息后，他主动请缨。

侯君集，豳州三水（今陕西旬邑土桥镇）人，很早就追随李世民南征北战，多立战功，历任左虞候、车骑将军，封全椒县子。在"玄武门之变"中，他跟随李世民参与了整个政变，是贞观功臣派的重要人物，但是论资排辈他是无法和李靖相比的。

在贞观四年北征突厥后，由于温彦博的弹劾，李靖主动辞去了兵部尚书的职务，而继任者就是侯君集。从贞观四年一直到贞观八年，侯君集在这个职位上稳稳地待了四年。可见这个人除了勇武之外，也深谙为官之道。

这次李世民让侯君集跟随李靖远征吐谷浑，其实是在有意培养他。大唐的开疆拓土不可能永远依靠李靖一个人，而侯君集又是李世民的嫡系，所以在李世民的心中，也有意将侯君集培养成未来大唐第一名将。

李世民确实没有看错人，侯君集在这次远征中，表现出一个军事天才的决断力和意志力。李靖带着四万唐军浩浩荡荡向西而去，一路下来，将敌人一个个消灭。伴随着唐军西进的脚步，时间进入贞观九年（635）。

三个月的行军后，唐军进入了吐谷浑境地。四月八日，先锋部队李道宗部在库山（今青海湖东南）遇到伏允的主力部队。伏允当机立断，烧尽粮草，放弃辎重，率领部队轻装退入沙漠地带。

准确地说，伏允撤退的方向是柏海（今青海鄂陵湖、札陵湖一带）。在伏允看来，从库山到柏海，中间基本上全是荒漠，唐军一定会像上次一样，不敢贸然进兵。等唐军撤走，再组织几班"两抢一盗"出来搞一阵，就当征税了。

四月二十三日，李靖在馒头山（今青海日月山）发现伏允的踪迹，这一战除斩杀了很多吐谷浑的王族之外，更重要的是缴获了大批物资，包括马匹、水、粮草等，这对唐军来讲是极为有利的。

四月二十八日，伏允跑到牛心堆（今青海湟中）。正当伏允准备休息的时候，李靖率军追了上来，毫无悬念，伏允又是惨败。为什么一碰到唐军，伏允肯定是战败呢？其实，不是吐谷浑军队的战斗力不行，而是缺乏必胜的信念。或许李靖的名头实在太响亮，还没开战，伏允的人就被吓跑一半了。

自从和唐军交手后，伏允无一胜绩，于是他开始反思：到目前为止，始终是唐军在追，自己在跑，究竟跑到什么时候是个头呢？伏允忽然觉得，自己先前的想法可能是错误的。他总是侥幸地认为唐军绝不会深入自己的腹地，所以一直没有采取坚决的抵抗。可是随着战局的发展，他发现形势对自己越来越不利。

接连的胜利让唐军士气大振，为了不给伏允喘息的机会，李靖命令薛万均、薛万彻兄弟和契苾何力带领一万骑兵为先锋部队，先大部队而行去追击伏允。

薛氏兄弟先行不久，李靖似乎预感到了什么，于是他派人追上薛氏兄弟，告诫他们一定要小心谨慎，万万不可轻敌。同时，李靖决定，加快自己的行军速度。多年的征战经验让李靖隐约感觉到，前方或许不是一片坦途，而是荆棘丛生。

在看到唐军的旗帜后，伏允迅速下令让弓箭手向唐军猛烈地射箭，一时间箭矢如雨，唐军顿时大乱。面对着纷纷倒下的士兵，薛氏兄弟瞬间不知所措。他们唯一能做的就是一边抵挡飞来的箭矢，一边高声告诉士兵不要惊慌。

在一通猛射过后，伏允手下的天柱王迅速带领两万步兵，向唐军发起猛烈的冲击。转眼间，一万骑兵只剩不到三千。就在千钧一发之际，契苾何力骑着马忽然从不远处杀过来。仗着坐骑快速的冲击力，契苾何力将围住薛氏兄弟的吐谷浑士兵瞬间冲散，利用这个时机，将薛氏兄弟救出重围。

这一仗，唐军伤亡惨重，一万骑兵损失殆尽。不过幸运的是，对于战败的薛氏兄弟，伏允并没有追击，或许先前的多次失败，让伏允心有余悸。所以这一仗的胜利，伏允已十分知足了。他觉得，李靖应该会有所收敛。但事实是，李靖并不这么想！

李靖看到满身血污的薛氏兄弟时，就知道先前的预感变成了现实。李靖并没有责怪这兄弟俩，作为全军主帅，李靖觉得自己是有责任的。

胜败乃兵家常事。一次失败并不会丢掉整个战争的主动权，但前提是意志不可动摇。一代军神李靖当然明白这个道理，他认为伏允这次小胜一场，必然会有所松懈，所以他当机立断，全力追击伏允。

伏允很聪明，在退到城下时，并没有进城。他知道自己是守不住这座城的，进城就等于进了死胡同，所以留下天柱王代替自己守城，独自带着数千名精兵，远走西部的突伦川。

与李靖北路军不同的是，南路军遇到的除了人为的困难之外，还有自然灾害。就在和李靖分兵之后不久，侯君集和李道宗率领两万唐军进入了一片荒漠。

侯君集和李道宗带着这两万唐军在这片荒地中足足行进了二十多天。迷路了，他们依靠太阳、月亮、北斗星和风向来辨别方向。西域的气候多变，荒漠之中更是阴晴不定，两万唐军顶着炙热的阳光，漫卷的风沙，一步步地向前走着。

虽然气候恶劣，但是没有一个人退缩。因为所有的人都明白，这是一场只能进不能退的行军。就这样，侯君集和李道宗率领两万唐军终于走出了这片荒漠。

接下来，侯君集和李道宗遇到了一个棘手的问题——天降霜雪！而唐军穿的都是夏天的装束。侯君集和李道宗虽然打仗一等一地在行，可是对于西域恶劣的天气，还是有些估计不足。如何克服这恶劣的天气呢？侯君集下令，全军加快行军速度！

加快行军速度这个方法虽然不是很高明，但至少比所有人挨冻要好。唐军又一次成功闯过了一关。但他们到达破逻真谷（今青海大非川东）的时候，南路军遇到了最为难闯的一关。

破逻真谷这个地方，居然"破"到连一滴水也没有！无奈之下，侯君集下令人吃冰，马吃雪，依靠老天爷施舍的这些东西，勉强继续前行。

干部带了头，闯关有劲头。我们也确实见识到了侯君集和李道宗的意志力，而作为南路军总指挥官的侯君集无疑是唐军能够连闯三关的最大功劳者。要知道在两种情况下，军心是十分容易涣散的：一种是打了败仗，另一种就是遭遇极端天气。

而这一次，唐军在侯君集的指挥下，连闯三道难关，从中可以看出侯君集的军事指挥能力。

五月一日，南路军到达乌海（今青海东给措纳湖），与吐谷浑王族梁屈突率领的人马相遇。这一仗毫无悬念，梁屈突不仅被打败，而且被生擒活捉。刚刚摆脱了恶劣环境的困扰，梁屈突就奉上了一份大礼，大大振奋了唐军的士气。

最终，南路军在经过三千多里的行军和拼杀后，在伏俟城东成功与李靖会合。侯君集正是凭借着这次追击战的突出表现，成功跻身唐初名将之列。

在侯君集即将到达大非川的时候，李靖已经准备对伏俟城展开进攻。伏允准备开溜，把守卫王城的重任交给了他最信任的天柱王。天柱王对于守城还是兢兢业业的，但他没有想到，就在自己努力完成伏允交给的重任时，一双冰冷的眼睛在背后注视着他，这个人就是伏允的长子慕容顺。

慕容顺虽然身为伏允长子，却是个苦命之人，因为他的身份有些特殊。他的母亲是隋朝光化公主，也就是说，慕容顺有一半是汉族血统。当年隋文帝杨坚为了笼络吐谷浑人，将光化公主和亲给了当时吐谷浑的首领世伏，后来世伏被手下人杀死，他的弟弟伏允继位。伏允继承了王位，也就拥有了光化公主。

后来，慕容顺在向隋朝朝贡时被隋朝扣留了下来。由于长期不归，伏允渐渐地对这个宝贝儿子失去了信心，最重要的是，自己必须要有继承者。如果哪天自己突然撒手西去，国家没有主人，将会乱成一锅粥。无奈之下，伏允从其他儿子当中选出一个比较优秀的立为太子。

武德二年（619），李渊将慕容顺送回国内。回到国内的慕容顺忽然发现自己做了多年的"隋吐"友好使者后，太子之位竟然没了，于是开始心怀不满。

随着唐军的大兵压境，伏允一败再败，慕容顺是看在眼里，急在心里。他很想利用自己曾经的身份优势，为父亲做点什么。但随着伏允不顾自己匆匆西逃，一切都变成泡影。看着其他的儿子可以追随伏允而去，慕容顺的心里产生了极大的落差。

前边已经说过，有两种情形最容易导致军心涣散。很明显，这次伏允的惨败，让伏俟城中的所有人都感到了一种前所未有的恐惧。他们不知道这座城还能坚持多长时间，唐军攻陷城池后，会有什么样的后果。

事实上，最害怕的人并不是城中的老百姓，而是那些王公贵族。在他们看来，自己本来应该过锦衣玉食、无忧无虑的生活，可是这一切都随着唐军的到来而完全破灭。于是所有的人都将怨恨、指责、谩骂投向了天柱王。杀了他！杀了他！可汗不还有个儿子慕容顺吗？他本来就是太子啊！

好了，慕容顺终于时来运转了！在慕容顺的精心配合下，在诸多王族的支持下，在一片谩骂声中，天柱王被慕容顺送上了西天，伏俟城也因此免于战火。杀掉天柱王后，慕容顺自立为可汗，然后他做的第一件事就是举城投降。

此时的伏允身处突伦川碛沙漠中，忍受着李靖派出的薛万均、薛万彻、契苾何力等人的连续击打。可惜，伏允的抗击打能力实在太差，一路败逃至突伦川碛深处，在这里他等来了自己的末日。

高昌和大唐之间曾有过一段甜蜜的回忆。高昌国国王麴文泰的父亲去世，唐朝派专使前去吊唁。贞观四年，麴文泰亲自前往长安就周边关系问题和李世民进行了亲切会晤。李世民亲自主持仪式欢迎，应麴文泰妻子宇文氏的请求，李世民赐她李姓，并封为常乐公主。

高昌国还有一个近邻，就是西突厥。东西突厥分家之后，西突厥在其可汗的努力下，综合国力逐渐强盛起来。本来西突厥和唐朝关系也不错，可随着唐朝扩张范围的不断加大，西突厥可汗心里开始不平衡起来。

国家之间的冲突一般来自利益的不均衡，大唐和西突厥都看中了西域这块宝地。因此，一场争夺战在所难免，夹在中间的高昌，成了大唐和西突厥争夺的焦点。

为了寻求高昌的支持，西突厥先派大将阿史那步真率军进至可汗浮图地区，用武力威胁高昌，然后又派朝臣阿史那炬以学习为名，充当西突厥的间谍探听高昌动向。

大唐仗着自己和高昌的国王麴文泰关系亲近，在高昌争夺战中并没有许给高昌以实际利益，这让麴文泰有点不高兴，他果断地中断和大唐的交往。

高昌国王麴文泰为了显示自己对西突厥的忠诚度，还强行扣留唐朝的难民，禁止他们回国。

对于麹文泰的行为，最初李世民都报以宽容的态度，表现得十分理智，并没有和高昌彻底决裂。可贞观十二年（638），高昌和西突厥勾结起来，竟然攻打唐朝的西域属国焉耆，并接连攻破焉耆的三个重镇，俘虏人口无数。焉耆无奈之下向大唐求援，李世民这才下决心发兵攻打高昌。

李世民面对高昌不知天高地厚的做法非常气愤，在李世民看来，焉耆被欺负倒还不算重要，关键是唐朝在西域的面子和利益遭受挑战。在多次警告无果的情况下，李世民决定出兵消灭高昌，重新树立大唐在西域国家的形象。

贞观十三年（639）十二月，李世民任命兵部尚书侯君集为交河道行军大总管，统领全军正式讨伐高昌。这次出征大唐集结了十五万的军队，李世民为了唐朝在西域的利益可谓是下了血本。

贞观十四年（640）元月，十五万唐军在侯君集的率领下，一路向西杀去。大军临近高昌边境时，侯君集命令大军就地休整，作为主帅，侯君集面临着出征以来的第一个难题：是应该直取高昌，还是先攻打附近的重镇？这是擒贼先擒王和去其羽翼而后除之的两难军事矛盾。

大唐军队长途奔袭，非常辛苦，如果要先攻高昌，距离远不说，一路上的后期补给很难跟上。如果在高昌敌人坚守不出，则唐军肯定要受困于旷日持久的消耗；可如果就近攻取高昌重镇，唐军必须要分兵驻守，大军一旦分散肯定无法形成强有力的"拳头"，想打败高昌就更难了。

侯君集对这次西征高昌有着清醒的认识，这次战斗关乎大唐在西域的切身利益，如果稍有不慎，大唐在西域多年的心血就会付之东流。侯君集召开了军事会议,薛万均等人认为应直取高昌,而牛进达等人则认为就近攻其重镇是上上之策。

侯君集在手下各执一词的军事讨论中快要崩溃了,双方讲得都有道理,但都没有十足的把握。正在此时,铁勒部族首领契苾何力的一番分析促使侯君集做出了决定。契苾何力认为,大唐军队远离本土作战,后勤补给困难,必须速战速决,这就决定了直捣高昌都城是实现这次作战目标的最好途径。

高昌国王麹文泰听说侯君集准备直捣高昌都城时,不但没有丝毫惊慌,反而气定神闲地评论唐军西征高昌是痴人说梦。他相信依靠高昌国内的两千里沙漠和恶劣的自然环境,哪怕是李世民亲自指挥也断然没有胜利的可能。因此,他判断不出二十天,唐军必定大败而回。

麹文泰认为唐军后勤补给困难使得唐朝难以战胜自己,可他忘了总结最近四年间唐朝军队之所以能够打败东突厥、吐谷浑两个强大对手的原因。

贞观十四年四月二十日,唐军在侯君集的率领下,通过契苾何力这一出色向导的指引,顺利跨过两千里的沙漠,到达距离高昌王城二百里的柳谷,侯君集此时才松了一口气。为了能一举攻破高昌王城,侯君集下令大军就地休整,派人去前方刺探情报,没想到探马却带来了一个让他哭笑不得的消息——麹文泰暴病而亡。

唐朝将领都想趁麹文泰安葬时偷袭高昌王城,把高昌的精英们一网打尽。然而,侯君集却认为大唐军队是仁义之师,如果趁高昌安葬国王之时偷袭王城,将会失去江湖道义,为人所不齿,这也与唐太宗的王道治国方针相违背,所以他决定放弃唾手可得的王城，转而向田城进发。

　　高昌门户田城距离高昌王城仅四十里，要攻占田城根本不用耗费五日时间。但侯君集为了显示大唐的仁义，要在五日后向田城进发，其实就是为了避开文泰的葬礼。厚道的侯君集认为田城守将肯定会理解自己的苦心，说不定他们为了城中百姓着想也会厚道地打开城门迎接唐军。

　　在田城之下，侯君集没有乘人之危立即攻城，而是对城楼上的守将做劝降工作。但很遗憾的是，守城军士不但没有表现出"有朋自远方来不亦乐乎"的儒雅，反而采用坚守之策。这可惹恼了侯君集，一怒之下下达了攻城令，一日之内便攻破田城。

　　高昌国的新主人智盛丝毫没有新君登基的喜悦，看到已经到达高昌都城之下的唐朝铁骑，他立刻就想出了退敌之策——求和。

　　高昌国王智盛的求和信得到了人们的一致同情，这封信中表现出了谦卑、可怜。但大唐西征高昌主要是为了保护唐朝在西域的核心利益不受侵犯，而智盛的摇尾乞怜根本实现不了这个战略意图，所以在利益面前，智盛言辞恳切的求和信如同一张废纸，没有起到一点作用。

　　侯君集命令高昌国王智盛主动出城，举手投降，面对如此不平等的条件，智盛觉得无法接受。怎么面对唐朝大军呢？狡猾的智盛在战与降之间找到了一条中间道路——拖延。只要能拖到一定时日，唐军粮草用尽，唐军自然不战而退，到时如果伺机而动，说不定还能捡到一些便宜。

　　智盛和侯君集斗计策显然嫩了点，侯君集看穿了智盛的拖延之计后，马上派兵攻城，可高昌都城城墙高大坚固，在高昌守军拼命抵抗下唐军损失惨重。侯君集看到这种情况，果断地采用了新式攻城武器——投石机，在投石机的巨大威力之下，高昌守军伤亡惨重。

侯君集又调来几台巢车协助攻城，并派人站在巢车上向城中的百姓喊话：唐军要打的是高昌的统治者，和老百姓无关，让他们躲在家中不要出来。侯君集又用投石机对高昌王城进行猛烈攻击。

由于智盛爷俩的自作聪明，唐朝军队对高昌进行了"高、精、尖"的军事打击。在这场战争中，交战双方无论军事实力、武器装备，还是士兵素质都显示出极度的不对称，应该说高昌只有招架之功，并无还手之力。

在唐军进攻高昌之时，战场上始终看不到西突厥的身影，难道是因为信息不畅或者是高昌根本没有向西突厥求援？都不是。在唐军还没有到达高昌都城的时候，智盛就已经向西突厥发信求救，他相信凭着和西突厥签订的军事协议，西突厥不会坐视不管，可现实给了他一记响亮的耳光。

对智盛来说，投降不但可以实现内心的安宁，而且还可以让百姓免于战乱。五月七日，智盛向唐军递交了请降书。

伴随着智盛出城跪地求降的谦卑之声，侯君集率领大唐的将士们，以胜利者的姿态威风凛凛进入高昌王城。然而侯君集没有就此停歇，经过短暂的休整，他再次命令薛万均、契苾何力等人分兵征讨其他城池。仅仅半年时间，唐军在侯君集的率领下彻底攻灭高昌，高昌国从此以唐朝的一个地区出现在世人面前。

贞观十四年十二月，侯君集带着智盛回到都城长安。李世民并没有亏待智盛这位亡国之君，他以博大的胸怀容纳了高昌的背叛，宣布对智盛既往不咎，并任命智盛为左武威将军，加封金城郡公。

而此战中侯君集表现出的军事素质足以说明他是目前唐朝的第一武将，李世民为表彰他的盖世功勋，战胜回国后为侯君集举行盛大的庆功宴会，侯君集凭借自己的努力终于到达了人生的巅峰。

李世民终于可以高枕无忧了，随着高昌国的平定，大唐王朝百姓富裕，万邦敬仰，大唐注定要在李世民的手中书写盛世的传奇故事。然而李世民并没有被这些繁荣的表象所迷惑，作为一个君主，他一直在思考着如何能让自己的子孙一直续写大唐的传奇故事。

要想实现国家的发展，选择一个合适的继承人是重中之重。

李世民在很多年前就已经确定长子李承乾为太子，那他为什么还在苦苦思索呢？原因很简单，随着时间的推移，他认为李承乾其实并不适合皇帝这一职务。这绝对不是偏见，而是经过了无数次的考验和观察得出的结论。

李承乾因其出生在长安承乾殿，取名叫"承乾"。李世民继位不久，李承乾就被立为太子。据说其小的时候特别聪明，读书也很上进。

李承乾到了青春期，沾染了一些不良习气，沉迷声色，喜欢打猎，漫游无度，当然更听不进别人对他的谏言。

为了子女的教育问题，李世民可谓是煞费苦心。李世民下令让李纲、萧瑀等博学之士做太子的老师，而且还安排了于志宁、张玄素、杜正伦等有名望、有才学的官员做太子的任课老师。

李世民的期望和一系列的安排，应该说是良苦用心。那些被他派到东宫的官员也确实尽职尽责，可是这些终究是外力，是客观因素。

虽然太子李承乾没有学到多少正统的治国安邦之策，但他对于权谋之术还是无师自通的。老师杜正伦曾经设想用循循善诱的方法，来改掉他的不良习气，结果被李承乾诬陷为"泄露旨意"罪而被贬官。张玄素也曾经因为对他漫游无度的坏习惯多次规劝，结果遭到羞辱。

虽然李承乾的不良习气很多，但作为太子他深知形象的重要性，他也特别注重打造自己的形象工程。唐朝以仁孝治天下，为了将自己装扮成一副忠孝仁厚的模样，每次在公开场合，李承乾都大谈忠孝仁道，怒斥违背纲常伦理之辈。

与在众人面前的表演相对应的是，李承乾一回到自己的东宫，马上像变了个人似的，在宫中恣意饮酒作乐。每当有人向他规劝进谏，他都会表现出一副虚心接受的模样，满脸严肃和后悔，让人觉得他是个能虚心纳谏的贤明太子，但转过脸去就将别人的规劝抛到九霄云外了。

李承乾公然对老师们进行威胁，让张玄素等人感到很失望。其实我们可以从他的言语和伪装看出，李承乾是个智商很高的人，他知道杀一儆百的威力，也明白皇帝的权力，更知道如何利用权力，可惜他没有将这种天赋用在治国安邦上。

李承乾虚伪的面具瞒过了很多人，但李世民却看得一清二楚。李承乾肆意妄为的同时，李世民时刻在观察着他，不经意间，李世民对李承乾是否适合做皇帝产生了怀疑。因为作为一名优秀的政治家，李世民需要一个有着卓越政治才能的继承人。

李承乾人前一套背后一套的做法给李世民留下了极坏的印象，他所做的一切可以说都是在挥霍自己的政治资本。于是，李世民对李承乾越来越不满，作为国家的绝对掌控者，他开始考虑寻找合适的人选替换太子李承乾。

魏王李泰是李世民第四子，集中了李世民与长孙皇后身上的很多优点，有胆有识，善于扩大自己的势力和名声。而且他还特别善于把握李世民的心理，在他编撰《括地志》的时候，曾经因为《括地志》的一些细节获得李世民的高度赞赏。这虽然是一种政治投机行为，但比李承乾高明多了。

看到李世民对大哥李承乾越来越失望，李泰心中乐开了花。敏锐的直觉告诉他，如果大哥被废，自己当上太子的可能性非常大。现在李承乾由于自身表现不佳，趁此大好良机，李泰开始有了争夺太子之位的想法。

由于李泰在李世民面前的突出表现，李世民对他宠爱有加，到后来，大臣都能看出李世民对李泰的宠爱已经超过了太子李承乾。对此，朝廷中有人对李世民的表现提出异议，他们是褚遂良和魏徵。

面对褚遂良和魏徵提出的李泰待遇过高的问题，李世民表示自己也觉得这是个问题，但在内心深处他也有着自己的考虑，因为李世民本身就不是嫡子，却登上了皇位，所以他对"立嫡立长"有一种排斥心理。如果李承乾是个出色的太子，或许李世民的这种心理不会表现出来，但实际情况是李承乾不但不出色，反而非常逊色。

李泰凭借李世民对自己的宠爱，准备将哥哥李承乾拉下太子的宝座，自己取而代之。为了让想法变为现实，他精心设计了争储计划，首先他大讲兄弟义气，大肆拉拢朝臣，培植自己的势力。通过他"艰苦卓绝"的工作，他和包括韦挺在内的一帮具有很大影响力的"高干子弟"结成了死党。

面对弟弟李泰的步步紧逼，李承乾感受到了前所未有的压力。李世民瞧不起自己，弟弟势力日渐增大，而自己却没有一个信得过的铁杆同盟。为了扭转这种被动局面，李承乾决定转守为攻，不过他使用的招数很让人无语——告黑状。他专门组织了一批挑拨离间之徒写匿名信状告李泰有谋反嫌疑。

李承乾本想用匿名诬告的方法打垮弟弟李泰，却被李世民识破，不过李世民没有深究此事。然而李承乾却不死心，诬告没有成功，他又想到了另一个极端的手段——暗杀。虽然说是亲兄弟，但在争夺皇位的道路上，只有胜败，没有亲情和道德。

太子李承乾对李泰实施了清除行动，不过遗憾的是这次行动仍然没有成功。两次行动失败，让李承乾意识到自己缺乏斗争经验。权力之争是一个长期而又复杂的过程，要想彻底扳倒李泰，必须稳扎稳打，看准破绽一击致命。如果仅靠一时冲动，不但不能成就大事，反而会酿成大错。

在太子争夺战中，李泰一方的主要成员有皇室宗亲，比如汉王李元昌；也有朝廷封疆大吏，比如扬州刺史赵化节；还有功臣之子，比如杜如晦的儿子杜荷；也有内宫宿卫，比如左屯卫中郎将李安俨。这些人出身各异，成分复杂，但对李泰都忠心耿耿。

而作为太子的李承乾，也在斗争中不断培植自己的势力，他利用太子的身份网罗人才为其所用。和李泰集团相比，李承乾的同盟者不但遍及朝廷的各个角落，甚至还有江湖人士。在太子的同盟者中，名气最大，而且最为铁杆的当属时任吏部尚书侯君集。

虽然太子李承乾不受李世民待见，但不得不承认李承乾还是有一定能力的，从他能把侯君集忽悠上了皇位争夺战的贼船就可见一斑。侯君集对皇子之间的争权都采取无视的态度，不过李承乾出于战略考虑很想拉拢像侯君集这样的能臣，于是他通过侯君集的女婿和侯君集交上了朋友。

自从侯君集成为太子的人以后，他就不断教唆李承乾效仿李世民搞军事政变，在他的反复劝说下，李承乾的内心开始动摇起来。

齐王李祐是李世民第五子，如果没有意外，他也就是只能在封地做个悠闲的王爷，无论从哪方面考虑皇位的继承都和他无关。李祐也承认这一点。不过李祐是个心浮气躁的人，他的舅舅阴弘智看到他这个特点之后，串通别人合起伙来忽悠李祐造反，没想到李祐还真接受了这个建议。

李祐准备造反的消息传进李世民的耳朵后，李世民对他采取了宽容的态度，为了不让他误入歧途，李世民特派敢于直言进谏的权万纪到李祐的王府担任长史，让他辅助和监视李祐。权万纪进入齐王府后，在不把齐王李祐当外人的情况下，处处监管李祐的行为言语。

权万纪的行为惹恼了齐王李祐，但权万纪仍毫不在意，多次规劝李祐向李世民坦白自己的造反行为，恳请李世民的原谅，结果由于方法不当遭到了李祐的忌恨。为了调节权万纪和儿子李祐的矛盾，李世民想把二人召到京城劝解，没想到李祐误解了李世民的意思，认为去京城必死无疑，于是杀掉权万纪，走上了造反之路。

听到齐王李祐造反的消息，李世民没有顾及父子之情，派九路兵马去齐地平叛。谁知大军还没到齐州，却收到了李世民的命令，让军队原路返回，因为李祐已被部下生擒，此时正在押往京城的路上。最终李祐被李世民赐自杀于内侍省，齐王李祐造反的闹剧就此落下帷幕。

第四章

功成名就
——成就贞观辉煌之治

公元629年,玄奘赴天竺取经。

贞观年间,李世民重用人才。

公元641年,文成公主入藏。

唐朝从唐太宗李世民开始进入繁荣时期。唐朝的兴盛，也造就了唐朝光辉灿烂的文化。玄奘的故事就是典型的例子。

　　玄奘俗姓陈，法名玄奘。他从小在庙中长大，在寺庙佛教氛围的影响下，十岁的玄奘就对佛学产生了浓厚的兴趣，自学佛法十分刻苦。

　　玄奘抱定了成为僧人的想法，自认为满肚子佛经的玄奘专心等待选拔僧人的考试。很快，这个机会出现了。在玄奘十三岁那年，隋炀帝杨广派大理寺卿郑善果到洛阳剃度僧人，遗憾的是，玄奘由于年龄的关系无法参加考试。玄奘急得在考场之外瞎晃。

　　由于机缘巧合，主考官郑善果看到了在门口东张西望的玄奘，郑善果觉得这个孩子不一般，便和他攀谈起来。得知玄奘非常想成为一名高僧但由于年龄原因无法实现时，郑善果给他提供了方便，让他顺利实现了自己的僧人梦。

　　玄奘十九岁之前，在洛阳净土寺两耳不闻窗外事，专心只读佛法书。为了提高自己的佛法理论水平，他常与其他寺庙的高僧交流心得，在学习和交流的过程中，玄奘在洛阳当地开始崭露头角。

由于战乱，玄奘和哥哥长捷法师去了佛学临时中心四川。在这个高僧云集的地方，玄奘看到了自己和那些高僧的差距，他更加刻苦地钻研佛法。直到有一天，他遇到了一位在佛学界比较有话语权的高僧——道基法师，道基法师认为玄奘相貌奇特，有仙风道骨之相，以后必成正果。

一年之后，在道基法师的帮助下，玄奘受了具足戒，终于成为一名僧人。玄奘出家以后，四处求学，遍访名师，学及《摄大乘论》《毗论》《成实论》，但各类佛典异说纷纭，各处学派主旨不一，特别是对于成佛的根据和步骤等问题，更是争论不休，难有定说。为了澄清疑窦，他决心西行求法，以释所惑。贞观三年（629），玄奘离开长安，经姑臧（今甘肃武威），出敦煌，再经今新疆和中亚等地，历尽艰险，九死一生，于贞观五年（631）终于到达中印度摩揭陀国王舍城，进入了当时印度佛教的中心那烂陀寺。贞观十年（636）始游历印度东部、南部、西部、北部数十国，广泛参学，凡经四年。回那烂陀寺后，应戒贤之嘱，主讲《摄大乘论》《唯识抉择论》。

贞观十九年（645），玄奘谢绝了五印朝野多方恳留，携带大批经像，载誉回国。史书记载，玄奘西行求法，往返十七年，带回大小乘佛教经律论书共五百二十夹，六百五十七部。玄奘回国后，主要从事佛经翻译，从贞观十九年开始，至唐高宗麟德元年（664），共译出佛教经论七十五部，一千三百三十五卷。其中主要有《大般若波罗蜜多心经》《大菩萨藏经》《解深密经》《称赞净土经》《瑜伽师地论》《成唯识论》《俱舍论》等，他还把《老子》《大乘起信论》译为梵文。

唐朝建立后，尤其是李世民继位后，励精图治，努力恢复生产，国力渐渐强盛，老百姓安居乐业。尤其是贞观四年唐朝平定了东突厥后，大唐更是扶摇直上，威名远播。

唐太宗贞观年间（627—649），生产恢复，社会安定，政治清明，百姓安居乐业，国力日益强盛。

唐太宗李世民亲历隋末的社会大动荡，即位以后，励精图治，经常和大臣一起探求治国方略，讨论怎样迅速致治。他们以隋亡国为戒，实行一系列开明的政策和措施，很快就达到了致治的局面。贞观君臣在讨论的时候，针对现实问题，引经据典，结合历史，不仅提出解决的办法，还提出了许多很有意义的理论问题。这就是历史上著名的贞观君臣论治。

唐太宗还厉行法治，要求一切以法为准，以变重为轻、务行宽简的精神立法，慎重选择执法官吏，尽量避免枉滥；自己率先遵守法制，执法不避亲贵。有枉法受乱者，必无赦免，由是"官吏多自清谨。制驭王公、妃主之家，大姓豪猾之伍，皆畏威屏迹，无敢侵欺细人"。同时重视地方政治，慎择刺史，吏治比较清明。

贞观时期唐朝政府大办学校，实行科举考试制度，撰定五经义疏《五经正义》，修《梁书》《陈书》《周书》《北齐书》《隋书》《晋书》六史，并出现了欧阳询、虞世南、褚遂良等大书法家和阎立本等名画家，文化有了很大发展。

这一时期，唐朝政府除了按照《户令》和《田令》，通过登记户籍来确定农村居民的土地产权，还采取避免不必要的战争、轻徭薄赋、不夺农时、鼓励垦荒、注意救灾、增加劳动力等一系列有效措施来促进生产的恢复和发展。修复了关中、河南等地原有的渠道，又在关东、河东等地新修了一些水利工程。在农民的辛勤努力下，生产逐渐恢复，出现了连年丰收、谷价低廉、牛马布野、外户不闭、商旅野次、无复盗贼、囹圄常空、社会安定、社会升平的景象。

在外交方面，当时与唐朝关系较为密切的是日本，对此，我们应该仔细说说。

日本遣唐使来到大唐并不是旅游观光的，他们每个人依据自身的职责和特长，接触各个领域的人，学习大唐的文化。回国时，把在大唐学到的文化理念以及各个领域的技术带回日本。

那么，日本向大唐学习，究竟为日本带去了怎样的变化呢？经济方面，仿照唐朝的"均田制"和"租调制"，将土地收归国家所有，土地租用者向国家负担义务。国家拥有所有权，种地的拥有使用权，这很大程度上提高了老百姓的种粮积极性。

日本的这次改革是一次依照唐朝制度自上而下进行的，如果没有遣唐使在大唐学到的知识，日本是不可能进行这样的改革的。在这次改革中，日本效仿唐朝的三省六部制设立官职，在法律方面，仿效《唐律》，颁布《大宝律令》。

日本在饮食、服饰、建筑等方面也向大唐学习。例如，当时日本京都的建筑就仿效了长安，甚至说京都的街道几乎和长安完全一样，也有"朱雀大街""东市""西市"等名称。

贞观六年（632），长乐公主即将出嫁。长乐公主是李世民和长孙皇后所生的女儿，一直被李世民视为掌上明珠。公主出嫁是朝廷的大喜事，为此李世民赏赐了很多珍贵的宝物给长乐公主做嫁妆。据史书记载，这次的赏赐比当年高祖给永嘉公主（李世民的妹妹）赏赐的一倍还要多。

当时没有人注意到赏赐已经超过了当年高祖给永嘉公主的，即使注意到了也没有人会提反对意见。大臣们都明白，皇帝嫁女那是相当高兴的，多给些赏赐也是正常的。但是，有一个人在李世民最高兴的时候泼了一盆冷水，这个人就是魏徵。

魏徵的理由很充分：天子的姐妹封为长公主，女儿封为公主，长公主比公主辈分高，而且地位更尊贵。即使陛下爱女之心可以理解，但是也不能坏了规矩，所以给长乐公主的赏赐是不应该超过当年高祖给永嘉公主的。

魏徵这个理由实在是太过于钻牛角尖，当时就连房玄龄、温彦博等人都说魏徵是小题大做。但魏徵不这样认为。其实魏徵看重的，并不是赏赐有多少，而是这次事件背后隐藏着一个关乎国家生存的法则——礼法。

在奉行儒家传统文化的古代中国，对于礼法是相当看重的。而作为全国老百姓带头人的皇室成员，必须要为所有人做出表率。如果连带头人都坏了礼法，那这个国家将会逐渐崩溃。魏徵时刻提醒着李世民，类似于这样的事情，还有很多。

早在贞观元年，就有人向李世民告发魏徵以权谋私，李世民让御史大夫温彦博调查此事，结果证明并不属实。但温彦博提醒李世民说，既然有人告发魏徵，说明魏徵言行肯定有不妥之处，于是李世民就让温彦博提醒魏徵让他注意自己的言行，凡事要少说多做。

所谓"房谋杜断"，是指房玄龄的"谋"和杜如晦的"断"。房玄龄和杜如晦是李世民手下的老资格成员，甚至可以说是嫡系，除了很早就已投靠李世民之外，两个人在"玄武门之变"中也是首席功臣，所以想不被李世民重用都很困难。

贞观三年（629）二月，房玄龄和杜如晦分别被任命为尚书左、右仆射，两个人同时撑起了李世民的宰相班子。刚一上任，李世民就将选拔人才的重任交给了二人，而且是绝对的信任。李世民对两个人说："你们身为宰相，一定要广求贤良之士，依据个人的才能授予相应的官职，这是你们的职责。"

要知道，房玄龄和杜如晦可是刚刚被任命，在宰相这个位置上，还没有做出任何成绩，而李世民对他们的信任就已超过了对其他人的信任，可见李世民的任用贤良。

虽然杜如晦在贞观四年（630）不幸病逝，但"房谋杜断"的这种精神并没有瓦解，相反，由于杜如晦的不幸早逝，让李世民更加坚定要将"房谋杜断"的精神继续发扬光大。

杜如晦病逝后，李世民悲痛不已。有一次，忽然梦见和杜如晦共商国是，而且杜如晦的形象和生前没有差别。醒来后，李世民为之流涕，立即派人带上礼品前去慰问杜如晦的妻小，并且宣布保留杜如晦生前的那些官衔。

若论贞观时期的宰相谁出身最贫寒，那绝对是马周。马周，字宾王，山东青河（今山东省茌平县茌平镇马庄）人。作为一个贫困的落魄书生，最终能成为贞观时期的宰相，马周的经历颇具传奇色彩。

马周从小就很好学，胸藏济世之才，在入仕之前，一直郁郁不得志。

贫困的生活让马周逐渐养成了一种玩世不恭的态度，他整天饮酒、不干本职工作，为此遭到了上级的严厉批评，但马周似乎并不在乎。

辞职后的马周，开始了四处游荡的生活，几年内他的足迹踏遍了曹州和汴州的大片土地，这期间马周的确增长了不少见识，但不变的是每到一个地方他依然会遭到别人的讥讽和嘲笑。

后来，他得到常何赏识，做了常何的门客。身为将军府上的门客，马周的地位一下子提升了不少，至少生活有了保障。而且凭借自身的才能，常常为常何献计献策，所以深得常何的赏识。但马周对此并不满足，或许是他的抱负过于远大，或许是他的才能让他觉得自己不应该仅仅当个门客，是蛟龙就不应该搁浅。

贞观三年（629）六月，天降大旱，李世民让每个人都说说自己近期的不妥之处。在这次会议上，常何破天荒地向李世民提了二十条建议，说得不仅条条在理，而且逻辑清晰。在李世民的追问下，常何说出了实情，二十条建议全都是马周代写的。

最终马周在中书省侍奉，就此进入了大唐的中央行政机构——中书省。

布衣出身的宰相马周比那些出身高贵的官员更能理解民间老百姓的疾苦，所以当了宰相后，他向李世民提出了很多利国利民的建议，例如不要大封宗室、躬行节俭、减少徭役、试行取消农业税、严格考核地方官、减少征收赋税等，这些都被李世民所采纳。

贞观二十二年（648），在马周病重弥留之际，李世民亲自为其调药，并且让皇太子多次亲临问疾。马周很感动，临终前，将给皇帝提意见的奏章烧掉，然后说了一句意味深长的话："管仲、晏婴揭露君主的过错，为求死后的名声，我不做这样的事。"

与马周的严谨相比，戴胄属于"冷酷无私"型。李世民继位之初，大理寺少卿一职缺人，李世民认为大理寺事关人命所在，必须要挑选一个合适的人来担任这个职务。戴胄由于性格正直、通晓法典而最终当选。

戴胄上任期间出现过一件事。吏部尚书长孙无忌曾在进宫时没有解下配刀，违反了卫禁律，被封德彝判罚铜二十斤，而监门的校尉则被判死刑。

戴胄明白，长孙无忌贵为皇亲国戚，因为误带武器入宫而被判死罪是不可能的，李世民针对封德彝的判决要求重议，其用意在于让臣子说出一个两全其美的处理意见。

所以，在看透了李世民的心思后，戴胄说："守门校尉是因为长孙无忌才招来罪名的，依法应当从轻处理；如果从失误的角度来讲，那判决应该都是一样的，但封大人所说的一生一死，差别实在太大，所以请陛下重新慎重考虑一下。"

戴胄的意思很明显，长孙无忌死不了，守门校尉也不能死，绝不能让守门校尉背黑锅，以此来彰显朝廷的公正。他的决心最终打动了李世民，李世民明白，司法不公会导致国将不国，而司法界能有戴胄这样秉公执法的人，堪称国家之幸，百姓之福。

戴胄在贞观七年（633）去世，在为李世民效力的七年间，先后担任过大理寺少卿、尚书左丞、民部尚书、吏部尚书之职，无论在哪个职位上，都兢兢业业、一丝不苟，和马周一样为李世民提出了很多利国利民的建议。例如贞观之初，他向李世民提出了建置义仓的主张。

所谓义仓，是指在各地州县分别集中一些粮食，由当地官员管理。建置义仓的目的是，在国家粮食歉收的时候，可以及时向老百姓发放救济粮，这对百姓的生活、社会财富的积累和社会的稳定有着重要意义。在隋朝初年，隋文帝杨坚曾经建了不少义仓，但经过隋末的动乱，这些义仓基本都被掏空。

贞观五年（631）九月，李世民下令重新修缮仁寿宫，要求定期完工后改名为九成宫，而且还要修复洛阳宫。这对刚刚建立不久的唐王朝来讲，是一笔巨大的开支，而这些开支无疑又会被分摊给老百姓。身为民部尚书的戴胄，从民生的角度，向李世民直言阻谏。

戴胄最终官居宰相，直至逝世。李世民为了追思戴胄生前的功绩，下令废朝三日，并追赠尚书右仆射，封道国公，让工匠为其修建祭祀之所。

难能可贵的是，戴胄生前与房玄龄、魏徵等人关系很好，他们性格虽然不同，却志同道合。

在古代，皇帝除了处理好朝政之外，还要管理后宫事务。对于皇帝来讲，后宫事务是和朝政一样的大事，皇帝由于事务繁忙，不可能照顾全面，所以就需要一位贤明的皇后来替自己打理后宫的具体事务。长孙皇后就是一位名副其实的贤内助。

都说一个成功男人的背后，肯定有一个鼎力支持的女人。这句话用在李世民和长孙皇后这对夫妻身上，实在是再合适不过了。除了妻子应尽的义务之外，长孙皇后还常和李世民讨论诗书、研究历史，使李世民受益颇多。

李世民继位后，长孙皇后助政之功尤其多。贞观元年（627）七月，李世民进封长孙无忌为左武侯大将军，领吏部尚书、右仆射。听到这个消息后，长孙皇后心中惴惴不安，多次向李世民建议辞退自己的哥哥，为此还说了几句谎话。

事实上，在长孙皇后的心中，一直担心着一件事，那就是外戚专权。熟知历史的长孙皇后对汉代吕氏和霍氏专权颇为熟悉，她明白，外戚如果权势过大，会引来很多不必要的麻烦，甚至会招致杀身之祸。所以她对此类事情很警觉，极力避免因自己荣居后位而导致外戚专权。

长孙无忌最终辞去了仆射的职位，不能不说与长孙皇后的进谏有关。在前边我们讲过，李世民很有可能是在考验长孙无忌，或许长孙皇后早已猜透李世民的心思，除此之外，她也尽量不让自己的亲戚在朝中为官，尤其是几个重要的部门。

不论如何，长孙皇后都身体力行，极力维护李唐王朝的长治久安，同时也是为了保障长孙家族的安全。长孙皇后的贤明还体现在对李世民的一往情深上。据说李世民有一次得了重病，很长时间不见好转，她昼夜侍奉，而且为自己准备了一包毒药。她的想法是，如果李世民病故，自己也将追随夫君而去。

贞观十年（636），长孙皇后病危，太子李承乾想奏请李世民释放囚徒和召方士入宫为母亲做佛事，以祈求母亲尽快好起来。儿子的孝心，母亲当然能体会到，但长孙皇后拒绝了，她说："生死由命，富贵在天，阎王让我三更死，我就看不到黎明的曙光，不要劳民伤财，让皇帝受百姓的指责。"

弥留之际，长孙皇后取出了那包保存已久的毒药，然后告诉李世民："我以前随时将这包毒药带在身上，目的是如果皇上一旦有什么不测，我将追随陛下而去，誓死不做专权的吕皇后。"一句话，让李世民痛哭流涕。

自从贞观九年（635）平定吐谷浑之后，一直到贞观十二年（638）八月，可以说李世民的文治达到了一个极盛时期，在"天可汗"的威名感召下，四方臣服，不断来贺。但是从贞观十二年九月开始，唐王朝在西部开始了一连串的征讨。

在唐朝和吐蕃关系的起始阶段，双方还是很友好的。对于松赞干布的朝贡，李世民很是高兴，于是派遣使节冯德遐回访。

数月后，冯德遐离开吐蕃回到长安，与他同行的还有松赞干布派出回访唐朝的使节。松赞干布对于这次回访唐朝的目的很明确。松赞干布满怀信心地等着李世民的好消息，他相信自己这么主动要当女婿，李世民一定也会乐意的。但让他感到意外的是，李世民断然回绝了他。

李世民的回绝，让松赞干布很不爽。他实在不明白，自己不过是按照李世民的意图来做，为什么李世民又要回绝。郁闷的松赞干布实在不甘心，在他的心底渐渐升起了一股怨恨之气，而现在李世民率先撕破脸皮，所以他决定要和李世民"掰一掰手腕"。

松赞干布准备先用自己的实力，挑战一下李世民"天可汗"的威名。在他看来，李世民拒绝和亲，其实是在藐视自己。他认为李世民对吐蕃的实际情况并不了解，而这就是自己最大的优势。至少当时松赞干布是这样认为的。然而不久之后，他彻底否定了自己先前的想法。

松赞干布率领大军到达距离松州二十里的地方时，命令部队停止前进。毕竟从前和唐王朝并无多少往来，唐王朝不了解自己，而自己同样也不了解唐王朝，松州究竟是个什么状况，松赞干布心中也是没底。

如果趁着这个机会，守将韩威能够充分重视眼前这个对手，加固城防；或者率领足够的兵力突袭远道而来的吐蕃大军，胜算还是很大的。但高傲自大的韩威居然只率领一万轻骑兵出城迎敌，在他的印象中，吐蕃的军队不过是几个散兵游勇，不用费多大劲就能解决。

当李世民看完求援的文书后，顿时火冒三丈，自平定吐谷浑之后，四周还没有谁敢跟大唐掰手腕，松赞干布竟然敢前来挑衅。在李世民看来，这是有意和大唐争夺霸主的地位。李世民当机立断，决定用武力来教训一下松赞干布。这一次被李世民选中出征的是侯君集。

这次的军事行动，除了侯君集是第一次独领三军之外，随其出征的都是后起之秀，具体有左武卫将军牛进达、左领军大将军刘简、右领军大将军执失思力，除了执失思力资历稍老之外，基本上都是新人担当。也就是从此时开始，侯君集逐渐爬上了他人生的最高点。

李世民如此信任自己，侯君集心中很是激动，他发誓自己一定要打个漂亮的胜仗回来，不辜负皇帝对自己的信任。事实证明，侯君集胜得那是相当轻松。为了尽快解除吐蕃对松州的包围，侯君集率领大军离开长安后，就命令左武卫将军牛进达率领两万轻骑兵为先锋部队，急速赶往松州解围。

在松赞干布的率领下，二十万人顷刻间全都退回吐蕃境内。而牛进达在偷袭得手之后，并没有继续追击，因为松州之围已解，任务已经完成。

消息传到侯君集那里时，这位雄心壮志的主将内心感受颇为复杂，一方面他为自己能够如此顺利解除松州之围感到高兴；另一方面，他又觉得这次出征实在很不过瘾。仗还没真正开打，吐蕃人怎么就跑了呢？侯君集成就军事伟业的梦想看来还要继续等待下去。

唐吐首战，以吐蕃军的败退而结束。此时，松赞干布明白了，目前以自己的实力，还不足以和大唐对抗，自己现在所要做的就是和大唐保持友好关系。脑袋开窍的松赞干布为此专门派出特使，到长安向李世民道歉。当然，这位仁兄依然没有忘记向唐朝提出和亲。

对于和亲，李世民只是答应了他，但没有立即付诸行动，一直到贞观十四年（640）年底，松赞干布三次派出使节前往长安，希望能够尽快促成和亲之事。最终在贞观十五年（641），李世民选中宗室之女文成公主入吐蕃和亲。

贞观十五年十二月，年轻的文成公主在李道宗和吐蕃送亲专使禄东赞等人的护送下，踏上了去雪域高原的路程。

消息传到吐蕃，松赞干布决定亲自率军远行至柏海（今青海玛多县境）迎候。

在柏海行馆停留了一个月后，松赞干布和文成公主等一行随即入吐蕃。他们到达逻些城外时，受到了成千上万民众的夹道欢迎。人们载歌载舞，欢腾雀跃，争相一睹这位从举世闻名的大唐不远万里来到这里的公主。

文成公主入吐蕃后，和松赞干布始终相亲相爱。她以款款柔情善待松赞干布，使得这位吐蕃国王深切体会到汉族女性的修养与温情。文成公主凭着自己的知识和思想，细心体察吐蕃的民情，然后提出各种合理的建议，帮助丈夫治理这个地域广阔、民风古朴的地区。

文成公主不是那种有权势欲望的女人，这一点，她很像长孙皇后。她参与治国，却从未要求松赞干布给自己一个官职，对于吐蕃的重大政治决策，她只是提出自己的看法，并不强行干涉。因此，松赞干布和大臣们对她非常敬重。常向她讨教唐王朝的政治制度以作为他们行政的参考，而广大的吐蕃民众更视她如神明。

文成公主在吐蕃生活了近四十年，除了帮助松赞干布处理政务之外，还亲自教民众种植玉米、土豆、蚕豆、油菜、小麦等，极大地丰富了当地的物产。

当时唐朝佛教盛行，文成公主是虔诚的佛教徒，所以到达吐蕃后，决定在当地弘扬佛法，主持建造了小昭寺，并协助尺尊公主修建了大昭寺。在大昭寺建成后，文成公主与松赞干布亲自到庙门外栽插柳树，而柳树意外地活得很长久，这就是

"唐柳"的由来。如今已成为汉藏两族人民深厚感情的象征。

从文成公主入吐蕃开始，到唐高宗咸亨元年（670）薛仁贵率兵征讨吐蕃为止，由于文成公主的博学多能，对吐蕃的开化影响很大，不但巩固了唐朝的西部边防，更把汉民族的文化传播到藏地，极大促进了吐蕃的发展和进步。

第 五 章

唐高宗与武则天

——他和媚娘的那些事儿

公元628年，李治出生。

公元631年，李治被封晋王。

公元643年，李治被李世民立为太子。

公元649年，李世民去世，李治正式登基，是为唐高宗。

公元650年，李治改元为永徽。

公元651年，武则天复召入宫，次年拜二品昭仪。

公元653年，李治平定内乱，正式掌握国家政权。

公元655年，武则天被李治封为皇后。

公元674年，高宗称"天皇"，武后称"天后"。

公元683年，李治去世，武则天控制朝政。

公元683—690年，武则天垂帘听政，在唐中宗、唐睿宗的幕后操纵朝政。

公元690年，武则天废除唐睿宗，自己称帝，改国号为周。

公元705年，武则天退位，唐中宗李显复位，同年11月，武则天病逝。

相比齐王谋反，太子李承乾的谋反更让李世民无法接受。打小时候起，太子就乖巧听话，比较惹人怜爱，搞不好是有人在背后诬陷他。于是，李世民召集众元老严查太子谋反一事是否属实，但调查的结果让他彻底伤了心。

　　长孙无忌等人对太子是否有意谋反一事进行了分析，最后的结论是太子确实有谋反的意图。太子谋反，让人想不通啊！李世民决定亲自审问李承乾。父子二人相见，李世民不由得感慨，到底是什么原因会导致儿子造反呢？

　　李承乾面对父亲，羞愧难当，痛哭流涕："您是我父亲，我怎么会对您下手？只是弟弟李泰一直眼馋我太子的位子，不停地攻击我。一旦被废了太子，李泰肯定会想办法杀了我。我之所以拉拢大臣，就是为了多团结一些力量，增加自己能安全存活的砝码，父亲您能体谅我吗？"

　　历朝历代，太子一般从皇帝的儿子们中选出，但问题的关键是儿子有很多个，太子的位置只有一个，所以围绕这个位置，往往导致皇子们明争暗斗，甚至刀剑相见。李世民就是经由"玄武门之变"，杀死长兄李建成和四弟李元吉才成为新任太子，最后继承皇位的。

李承乾自知谋反是重罪，想继续做太子是无望了，可能是当时太激动，脑子进水想拉李泰一起背黑锅："侯君集、李元昌等看透了我的心思，我一时迷了心窍，才企图谋反。我也知道已经犯下大错，求父亲原谅的话就不说了。但是父亲一定要提防李泰，他是个小人，绝不能把太子的位子给他。"

李世民看到李承乾承认意图谋反，正在气头上，你李承乾就事论事，坦白谋反的前前后后就好，现在还想拉弟弟李泰下水，不由得更加愤怒。还好李世民听取大臣的意见，李承乾只是意图谋反，尚未实施，何况又是自己的亲生儿子，还是饶他一命吧。最终，免李承乾死罪，贬为庶民。

太子李承乾谋反事发，被李世民废黜，那些撺掇太子谋反的，都被砍了头。这下太子党算是遭受重创。在李世民面前，李泰表现得愈发乖巧，越来越得李世民欢心，李世民居然口头答应立李泰为太子。但立太子这件事，口头说不算，还要听取众大臣的意见。

李承乾被废，但还有两个人选，魏王李泰，晋王李治。李世民立魏王李泰为太子的提议，遭到很多大臣的反对。有些大臣觉着李泰心机太重，生性残暴，担心李泰登基后必然会翻以前的老账，借此大开杀戒。而幸存的太子党本着对死敌就要抗争到底的态度，也不认同李泰。李世民想：既然现在大臣们不同意，那就缓缓吧。

魏王李泰、晋王李治同是李世民和长孙皇后生的儿子，为什么李泰比较招李世民喜欢呢？因为李泰十分善于在李世民面前表现自己，印象分较高。李治属于那种老实人，虽然宅心仁厚但缺乏霸气，所以不怎么招李世民喜爱。

李泰觉着自己在父亲面前很吃得开，就把斗争的矛头指向了李治。李泰找到李治，并不是聊家常增进兄弟间感情，而是借前太子谋反一事，对李治进行栽赃。因为李治和李承乾的朋友李元昌关系很好，你李治肯定知道他谋反的事情却没有禀报。

关于前太子李承乾谋反这件事，李世民的态度是很明确的，无论是谁，只要有牵连就铁定要受到处理。现在李泰把脏水泼到了李治身上，李治是一老实人，受到了不小的惊吓，搞得天天忧心忡忡的。有一天恰好被李世民看到，李世民出于关心就询问了一下。李治就把李泰诬陷自己的事情向父亲说明，顺便表示了自己的忠心。

李治把李泰的话一字不差地叙述了一遍，李世民就明白了李泰的用意，这是在恐吓和威胁李治不要在太子一事上和他相争。之前李泰曾和自己打包票说，如果继承皇位的话，会再把皇位传给李治。李世民认为李泰看重兄弟感情，识大体，没想到竟在背后搞这些小动作。

李泰暗地里恐吓李治本来是小事，但在李世民看来，却是个警示的信号，对李泰的印象分也大打折扣。短短的时间内，为了争抢皇位，先废了一个儿子，现在另外两个儿子眼见又要拼个你死我活。李世民的心情很复杂，也很痛心。

不能让李泰和李治两兄弟再手足相残了，立太子一事要尽快敲定。李世民在两仪殿召见长孙无忌、房玄龄、褚遂良等朝廷重臣，这几位是自己最信得过的大臣，希望能协助自己做个明智的决定，确定太子的人选。人选一旦确定，把无关的皇子们封到离长安远些的地方，兄弟相残的事情也就可以避免了。

李世民向长孙无忌、房玄龄、褚遂良等朝廷重臣给出了立太子的备选人员名单：李泰、李治。

李世民通过征求几位重臣的意见，最后决定立李治为太子。下面要做的，就是再次征求大臣们的意见，确定合适的人选。于是李世民召集百官，询问大家的意见。其实李世民找长孙无忌等人的事情，百官多有耳闻，心中都有了明确的答案：晋王仁孝，天下皆知。立晋王。

在李世民再立太子这件事上，百官怎么会有这么一致的选择呢？晋王李治当时不过十五六岁，在百官中肯定没有这么大的威望，众人都选择他，不过是揣摩李世民的心意，不想做出头鸟而已。皇子间，威信高于晋王的并非没有，但皇后亲生的皇子，有能力角逐太子之位的，还剩两位。如今皇帝倾向李治，那就选他。

大臣们内心是怎么想的，李世民肯定不知道。但众人推选李治，给出的理由是"晋王仁孝，非他莫属"，还是比较讨李世民欢心的。李治性格老实、仁厚，应该不会对自己的亲兄弟下毒手。刚好此时魏王李泰前来打探消息，李世民就趁机将他拿下，暂时禁闭，免得他心有愤恨受刺激走极端。

李治坐上太子之位，可以说是因为李承乾、李泰相争，他渔翁得利。李治做太子的时候年龄太小，性格又老实，跟少年时期的李世民相差甚远。但有一位皇子，文武兼备，很有李世民年少时的样子，获得李世民的多次夸奖，他就是排行第三的吴王李恪。

在李世民的众多皇子中，李承乾是长子，次子很早就夭折了，吴王李恪是三子。后来李承乾被废，李恪自然成了众皇子中的大哥。为什么李世民再立太子的时候没提他呢？原因很简单，李恪是妃子所生，不是嫡子，还轮不到他。而李治是皇后所生，舅舅长孙无忌又是李世民眼中的重臣，出身和环境决定了这一切。

李治被教导多日，还是看不到自己年轻时的模样，李世民慢慢失去了耐心。经过一段时间的思考，他叫来了长孙无忌，准备换立和自己相像的李恪为太子。

李承乾、李泰、李治三兄弟都是长孙皇后所生，长孙无忌是他们的舅舅。自己的亲外甥被立为太子，做舅舅的肯定也会得到很多好处。现在的太子李治，是三个外甥中最后一个有机会继承皇位的。为了自己，为了姐姐长孙皇后，一定要保护李治顺利地继承皇位。只有这样，自己的辛苦才不会白费，付出的才能有收获。

领导有事去征求下属意见，一定要选择与此事没有利益关系的，否则，给出的意见肯定不会公正。而李世民就换立太子的事情去征求长孙无忌的意见，就犯了这样的错误。在亲外甥李治和外人李恪之间，长孙无忌给出的意见肯定是倾向于李治的。

李世民准备换立李恪做太子，长孙无忌听到这个消息很吃惊，李治坐上太子的位子才多久啊，又没有听说李治犯过什么错误，怎么会突然要被废掉呢？长孙无忌明白，李世民觉着李治太老实，没什么潜力。

李治被百官推选为太子，理由就是"仁厚"。李恪最大的短处，就是他的身世。李恪的生母，是李世民的妃子杨氏。而妃子杨氏的父亲是杨广。李唐的江山正是从杨家手中夺来的，现在立李恪为太子，也就是相当于让杨广的外孙继承皇位，把江山又还了回去。

李恪的特殊身世，会导致他和其他皇子相互疏远。等他掌管天下后，就有可能对其他皇子痛下杀手。长孙无忌罗列了换立李恪后可能出现的种种灾难性后果，又放大李治的长处，终于让李世民打消了换太子的念头。

时间一年一年地过去，李世民慢慢老了，身体不断地出问题。老实仁厚的太子李治，每天去陪侍父亲李世民。在父亲病情危急的时候，他一直待在旁边，时刻关注李世民的病情。

在古代，君王驾崩的时候，生前的那些嫔妃是要和皇帝一起死的，名曰"殉葬"。李世民问武媚娘应该怎么做，武媚娘瞬间就明白了李世民的意思。

武媚娘对病入膏肓的李世民说："皇上贵为天子，身体一时不舒服很快就会好起来的。您对我恩重如山，贱妾本想以死替皇上祈福，但这样您病好后就没办法再服侍您了。只好削发为尼，吃斋拜佛，每天为皇上诵经祈福，求佛爷让您长生不老，用这个方法来报答皇上的恩情。"

武媚娘借削发为尼本是想打消李世民的顾虑，没想到李世民顺水推舟，既然杀不得她那就让她走远一点，今天起就不用服侍我了，出宫去找家寺庙出家为尼吧。

在安排好一切后，李世民也安心地走到了生命的尽头。回溯李世民的一生，年少时追随父亲李渊征讨天下，打下了大唐的基业。虽然为了皇位杀死了自己的大哥、四弟，但做皇帝后体恤民情，能听得进大臣们的建议并不断进行改善，使国力日渐昌盛，为日后的大唐盛世创造了有利的条件，可以说，李世民的一生是极其有成就、辉煌的一生。

高阳公主是李世民最宠爱的女儿，被指定为自己的重臣——宰相房玄龄的二儿子房遗爱的老婆。唐朝的风气开放，娇惯大的高阳公主比较向往自由的爱情，却成了父母包办婚姻加政治联姻的牺牲品。高阳公主完婚后愈发不满，竟然与一僧人私通。

事发后，该僧人被腰斩处死，高阳公主也受到太宗责骂，并不许再进宫。高阳公主一直心中不平。高宗继位后，高阳公主、房遗爱联络与高宗不和的薛万彻、柴令武，打算发动政变，废高宗，拥立荆王李元景为帝。但机事不密，计划泄露，一干人都被逮捕。高宗派长孙无忌审理此案。

尽管李治顺利地继承皇位，但不代表一切都在他掌握之中。吴王李恪的年龄、能力在那里摆着，在朝中的威信、势力也越来越大，早晚会对李治的统治产生威胁。在长孙无忌看来，李恪就像一颗定时炸弹，不及时解除危险会越来越大。为了李治的安全，李恪必须死。

长孙无忌想除掉李恪，从最软弱的房遗爱那里做突破比较容易。可起初提审房遗爱的时候，房遗爱把谋反的事陈述得很彻底，没有长孙无忌最想听到的吴王李恪。

于是，长孙无忌对房遗爱进行诱导："荆王李元景地处偏远，都想谋反，其他王爷呢？比如吴王李恪，就没有想法？就没和你们联络？你老实交代，不必担心报复。只要供出他们，自然会减轻你的罪过，饶你不死。"房遗爱一听拉别人下水能减轻自己的罪责，就顺着提示把李恪牵连了进来。最终，李恪、李元景、房遗爱、高阳公主等人全部被杀。

房遗爱谋反案，让李治坐稳了皇帝之位。在后宫三千佳丽中，他喜欢的，只有两位：一位是王皇后，一位是萧氏。后宫的女人争风吃醋，明争暗斗，都为了一个目的，得到皇上的宠爱。只要得到皇帝的宠爱，自己就会要什么有什么。

王皇后在皇帝面前是很受宠的，但李治好像喜欢萧氏更多一些。因为王皇后相对于萧氏来讲，有一个致命的问题——无法生育。后宫的女人，都是母凭子贵，幸运的话生个儿子肯定比别的妃子更能得到皇帝的宠爱。如果生的儿子以后做了皇帝，那你就会升格为皇太后。

王皇后没有生子，只有皇后的空名号，没有孩子来维系和皇帝的感情，关系是不牢靠的。那就只有两条路可走：一条是通过御医解决生育的问题，这个希望不大；另一条就是拉拢一位有皇子的妃子，把她的孩子过继过来，并多跟皇帝吹吹枕边风，尽量立这个孩子为太子，自己是这孩子的母亲，将来就能成为皇太后。

王皇后就孩子的事情咨询舅舅柳奭，柳奭给她出了一个好主意："后宫刘氏，地位卑贱，曾受皇帝宠幸，生有一子，名叫李忠。可以威逼刘氏把李忠过继过来，施以恩惠，她也不会说什么。要好好对待李忠，培养好感情，再说服皇上把李忠立为太子，只要把握好太子，你就有希望成为皇太后，那后宫就是你说了算。"

王皇后按照舅舅的建议，向皇帝提出过继李忠为子，并成功立李忠为太子。事情进行得很顺利，王皇后心情大好，觉着自己在李治面前讲话也有底气了，就想找对头萧氏抖一下自己的威风。因为萧氏生有皇子，被李治封为雍王，很受李治宠爱。

王皇后想解决掉萧氏，是很难的。自己没有什么谋略，又不狠毒，只能对李治吹吹枕边风。王皇后整天说萧氏的坏话，萧氏知道后，仗着年轻貌美，气冲冲到李治那里申辩。李治是老实人，对家务事也没有好的解决办法，只能如风箱里的老鼠——两头受气，真是痛苦不堪。

皇帝，一国之君，肯定是想干啥就干啥。李治却发现自己这皇帝做得有点窝囊，起码后宫那点事儿自己都没法做主，一个是皇后，一个是最喜欢的妃子，手心手背都是肉，没办法下令去责罚。可是，这两位天天在自己眼前晃悠，不停地说对方的坏话，大有只要对方活着自己就没法儿活的意思。

王皇后和萧氏两人相争的结果，就是皇上李治有气没地方发，对她俩都厌烦了。李治一生气，就把双方都冷淡了。这个结局，是两个女人都没想到的，但王皇后有了明显的优势。一是自己贵为皇后，二是儿子是太子，随着时间的流逝，只要这两点没有变化，自己将会是最后的赢家，目前需要的就是等待有利的机会。

贞观二十三年（649），李世民去世。按照当时的规矩，作为继承者的李治要守孝三年。这三年，不能有大的娱乐活动。李治是老实人，没敢搞娱乐的他这三年净受老婆们的气了。三年过去后，李治长舒了一口气，终于可以外出散心了。

李治因为后宫妃子的争斗也想出去散散心，孝顺的他选择父亲的忌日去寺庙上香、祈祷，在那里遇到了武媚娘。

李治出游回来后，王皇后发现他有点魂不守舍，坐立不安，看起来像心中有事。王皇后得知李治因武媚娘而心乱的时候，非常惊讶。冷静下来后，王皇后受过继刘氏儿子李忠一事启发，心生一计，准备从寺庙里解救武媚娘，利用她和萧氏争宠。自己对武媚娘有再生之恩，武媚娘肯定对自己感激涕零，帮自己全力攻击萧氏。最后，皇帝对武媚娘、萧氏两人相争感到厌烦，会重新回到自己的身边。

王皇后准备劝说李治听从内心的召唤，解救武媚娘："武媚娘虽然在感业寺，可她并不是真正的尼姑，可以还俗。她曾服侍过父亲，这段经历无法改变。可人一出家，等于脱离世俗，洗清了前半生的经历。就让武媚娘蓄发还俗，入宫和奴家一起服侍您吧。"

武媚娘入宫的事情，王皇后是很关心的，主动派了侍从去照顾武媚娘的起居。武媚娘是个很有心计的人，皇后的人来了，她拉拢、收买；皇帝的人来了，则不仅仅是拉拢、收买，还要刺探、打听宫内的消息。不多久，对于宫中的情况，武媚娘已经了解详尽，王皇后的目的，也猜出了几分。

武媚娘被李治迎回了宫中。武媚娘抓住这个好时机，向李治索要名号，在李世民时期自己只是才人，等级太低了。李治经不住武媚娘的一再要求，封其为昭仪。

当年的武才人，摇身一变，成了今天的武昭仪。可武昭仪并不满足。李治现在对武媚娘那是一点抵挡力都没有，只好封她为宸妃，仅次于皇后。但当李治宣布武昭仪晋升为武宸妃的时候，遭到大臣们的阻挠。不过皇宫里那些喜欢溜须拍马的人，看到了武媚娘的潜力，都开始巴结她。

王皇后拉武媚娘入宫的目的，就是打压萧氏。为了打压萧氏，王皇后不停地在李治旁边说武媚娘的好。而武媚娘在宫中的地位还不稳，于是对王皇后是虚与委蛇，对萧氏则是处处针对。萧氏觉得自己在皇后那儿都不落下风，对比自己级别低的武媚娘更是瞧不起，就跑去皇帝那里告状，但现在的情况跟以前已大不相同。

武媚娘城府极深，懂得玩手段，王皇后也在一旁给她打气，李治被她迷得说什么都相信，觉得她什么都是好的。现在萧氏突然跑来告她的黑状，明显是在错的时间找错了人。李治哪里会信萧氏？反倒觉得萧氏心胸狭隘、小肚鸡肠、谗害他人。再加上以前萧氏和王皇后相争的种种事实，萧氏彻底被李治冷落了。

从后宫斗争开始，武媚娘就表现出了高超的谋略和技巧，对不同的人采取不同的斗争方法。武媚娘搞垮萧氏，采取的是联合"上人"，联络皇后、皇帝，从高层寻找突破口，一举成功。后宫中皇后只有一个，只有击败王皇后，自己才能坐上去。对付王皇后，武媚娘的策略是联合"下人"，从底层突破。

武媚娘对王皇后的位子很有野心。经过她长期的细致观察，王皇后有一个算不上致命的弱点，和宫女的关系不好。就这么一个好不容易找到的弱点，武媚娘对它进行了认真分析，决定团结和王皇后关系不好的宫女们，瓦解王皇后地位的基础。

后宫的宫女有时会讨论自己主子的私人问题。王皇后作为后宫的最上层人物，不能生育的问题就成了宫女们讨论的热点。王皇后偶然得知宫女们竟然敢议论自己，曾经抓典型惩治过一些人，但是屡禁不止。

王皇后责罚过一些宫女，这些人肯定不会说她的好话。她的母亲柳氏，仗着女儿是皇后，在宫内飞扬跋扈、颐指气使，宫女们对此多有怨言。

王皇后和宫女关系不和谐这一弱点，被武媚娘敏锐地捕捉到了。她利用底层宫女对王皇后的不满，施以小恩小惠，拉拢、收买，没多长时间，王皇后的心腹，逐渐被"策反"成功，成了武昭仪的眼线、卧底。有了她们的协助，不愁找不到王皇后的把柄，到时候自己给予致命一击，皇后的位子就唾手可得。

王皇后不能生育，但过继了一个儿子，还被立为太子。武媚娘现在赶紧要做的一件事，就是给李治生个儿子，通过孩子巩固自己和皇帝之间的感情。自己和李治的关系本来就很好，一旦有了皇子，亲儿子拼掉王皇后的干儿子胜率会很高，换立太子这种事情还是可以尝试下的，而做皇太后才是自己的最终目标。

武媚娘有王皇后的心腹做内应，原指望着可以抓到王皇后的把柄，没承想她做事规规矩矩，什么问题都查不出。

重回后宫没多久，武媚娘得到李治宠幸怀了孕，生了个皇子。天遂人愿，皆大欢喜，李治给孩子取名李弘。"弘"有光大、发扬之意，可见李治对这个皇子的喜爱。武媚娘生皇子一事让王皇后大为恐惧，而李治对李弘的偏爱，更是让王皇后感觉受到了威胁。

武媚娘入宫才短短一年的时间，形势就有了很大的变化。这一切，和王皇后当初的错误选择有很大的关系。以前的萧氏，对王皇后是个威胁，被打压了下去。如今的武媚娘，看起来比萧氏更有手段，估计更难解决。本着优先解决难题的原则，王皇后和曾经的敌人萧氏，不得已联手，准备一致对付武媚娘。

唐高宗永徽四年（653），武媚娘的第二个孩子出生，是个女儿。武媚娘辛辛苦苦的十月怀胎，一朝分娩，竟是个女儿。在那个重男轻女的年代，即使身在帝王之家，男女的差别也是很大的，武媚娘不由得有些小失望。这位后来被追封为安定公主的小女孩，成为母亲后宫斗争的工具，有人推测其早年夭折，或是为武则天所杀。

王皇后比较喜欢小孩儿，而小安定公主比较可爱，很是讨王皇后喜欢。永徽五年（654）冬天，王皇后闲来无事，又去武媚娘那里去看那个可爱的婴儿。皇后驾临武昭仪那里，事先会有宫女提前通报，做好接驾的准备，以免出现什么差错。

王皇后这次驾临武媚娘那里，却和往常不大一样，没有看到热情迎接的武昭仪，据下人禀报说是在后花园看花。王皇后没有多想，反正也不是专门来看武媚娘的。她走到摇篮边，看到了活泼可爱的小公主，亲手侍弄一番，把玩了一会儿，才恋恋不舍地放下。

王皇后在武媚娘那里待了一会儿，没等到她回来，就起驾回宫了。回到宫中，和身边随从闲聊几句，正待休息，忽听门外有人惊慌失措地跑进来，大呼："皇后，大事不好，大事不好了！"王皇后吓了一跳，好好的，有什么大事？忙令宫女镇静，慢慢道来。宫女这才说："武昭仪那边出事了，又哭又闹的，皇上也在。"

王皇后得知武媚娘那边出了事，居然惊动了皇上，会是什么样的事情呢？宫女的回答让她的心骤然一凉："武昭仪的小女儿死了。"什么？刚才还活泼可爱的孩子怎么突然就死了？自己得再过去看看，安慰下武媚娘，不过皇上也在那里，还是找个宫女再去打探下消息比较好。

王皇后本着关心的态度，让宫女去打探武媚娘女儿的死因，可宫女汇报的消息让她犹如五雷轰顶："武昭仪和皇上在后花园赏花后，一块去看女儿，却发现女儿平白无故死了，问周围的人，说只有您去看过她，武昭仪听到后就又哭又喊，说是您见她接连生孩子忌妒，掐死了小孩。"

王皇后起初以为是武媚娘误会了自己，把去看望小公主的事情解释清楚就没事了。可现在皇帝在场，他怎么表态最重要。在听到皇帝李治一开始并不相信，认为有其他可能的时候，武媚娘疯了一般在皇上面前历数王皇后的不是，把皇帝逼急了，动怒说要废掉王皇后，王皇后才明白这是武媚娘设计好的圈套。

王皇后就小公主突然死亡自己被陷害一事，找皇帝李治讨要说法的时候，李治却出奇地平静，告诉她事情结束了，皇后不要多想。不对啊！你宠爱的武昭仪，生了个公主，没缘由地突然暴死。李治作为一国之君，理应查个水落石出，怎么会说事情已经结束了呢？

女儿突然死亡，这事对李治打击很大，李治动过彻查此事的念头，但被武媚娘劝说打消了，说是"家丑不可外扬"，自己又没有王皇后杀害小公主确凿的证据，估计废免王皇后的时候大臣们肯定会问原因，说了的话这不等于大家都知道了吗，会以为皇帝的后宫不和谐不稳定，这让皇帝脸面往哪儿放？

安定小公主突然死亡，据说是武媚娘听说王皇后要来，她故意回避，制造王皇后和小公主独处的机会。王皇后走后，她支走众人，掐死了自己的女儿，然后假装什么事情都没发生。出去见李治，两人一块回来，才"发现"孩子已死。利用皇上当时急于找出凶手的冲动，顺势把杀害孩子的嫌疑转移到王皇后身上。

现在李治相信小公主是王皇后杀害的，那栽赃给王皇后的目的已经达到了，武媚娘当然要尽力阻止李治彻查此事。万一查证王皇后没有杀害小公主，那自己岂不白费功夫了？还搭进去亲生女儿的性命，这种情况绝对不能出现。

在李治面前，武媚娘依然扮演着善良贤淑、顾全大局的完美形象。孩子死就死了吧，再生就是了，别再追究王皇后的责任了，也别为此废掉王皇后，顾全大局要紧。女儿莫名其妙地死了，人命关天的事情，武媚娘却能说动皇帝"家丑不可外扬""大事化小、小事化了"，可见手段十分了得。

孩子被人杀死，武媚娘居然还为"凶手"求情！千娇百媚的武媚娘让李治失去了判断能力，反而对她感激万分。虽然李治承诺武媚娘不再追究王皇后的责任，但自此以后，王皇后遭到了李治的冷落。

王皇后"杀害了"安定公主，李治本想废掉她皇后的称号，无奈被武媚娘阻止了。尽管如此，李治还是有这个打算，准备先和朝中大臣打个招呼，让他们做个准备，哪天真的废王皇后立武媚娘也会省事一些。大臣中，长孙无忌位高权重，又是自己的亲舅舅，只要把他说动了，其他事情就好办多了。

武媚娘表面上不同意废后，目的只是从李治那里赚点同情分，听说皇上要有实质性动作，于是半推半就地答应了。求人办事，自然不能摆臭架子。李治就带着武媚娘奔长孙无忌家去了。长孙无忌是皇亲国戚、朝廷重臣，见惯了大场面。即便如此，皇帝突然来访，也让他一头雾水，搞不清楚状况。

长孙无忌一边安排接待，一边察言观色，看看皇上准备唱哪出。李治觉着去自己舅舅家，不用太见外，也没做什么准备。拜见长辈，叙叙旧是应该的。李治说些不着边际的话，半天没进入废立皇后的正题。

闲聊中，武媚娘就问，长孙无忌有几个孩子。长孙无忌一听，不敢怠慢，连忙让自己的四个儿子出来，拜见过皇帝和武昭仪。

长孙无忌有四个儿子，长子已经做官，另外三个都十来岁，还没有职务。武媚娘忙跟皇帝说："长孙无忌贵为国舅，这三个孩子怎能没职务呢？"李治这时候脑子突然灵光了，领会了意思，当即把三个孩子封为朝散大夫，官居五品。

长孙无忌觉着十来岁的儿子被封官不妥，连忙推辞，却被李治给拒绝了。吃完饭，李治就带着武媚娘和随从回宫了。留下不明白具体情况的长孙无忌在那里发愣瞎猜，凭他的政治敏感，他嗅出李治此行另有目的。

皇帝拜访长孙无忌，也是自己的舅舅家，带的是武昭仪，不是王皇后。让皇上心烦的家务事，又和武昭仪有关，莫非皇上要废立皇后？想到这，长孙无忌额头开始冒冷汗了，皇上此行应该是来征求自己意见的。

皇上要废立皇后，自己作为朝中重臣和他的舅舅，来征求意见是很正常的。王皇后容易被攻击的有两点：一是贵为皇后，但是不能生育，这点很致命；二是过继来一个儿子，虽被立为太子，但是太子的生母地位卑贱。而成功上位的武昭仪，能生育，短短时间就生了两胎，一男一女。目前她也最受李治宠爱。

后宫中，嫔妃们明争暗斗很正常，但大家争夺的是皇上对谁的宠爱更多一些，废立皇后最多是想想而已。因为废立皇后是大事，需要征求朝中大臣的意见。王皇后尽管不能生育，可人品、威信大臣们是知道的。立武昭仪为皇后，她曾经是李治父亲李世民的女人，单凭这一点就可算得上忤逆不道，大臣们肯定会反对。

长孙无忌猜测李治造访他的目的，应该是准备废立皇后。他把问题想简单了，以为众大臣会阻止李治那样做。但是他忽略了一点，既然李治能把父亲曾经的女人娶为老婆，破格提升为昭仪并让她为自己生儿育女，就不会在乎众大臣的意见。

废立皇后要征求大臣的意见，武媚娘是知道的，但她知道，事情的关键在皇帝李治那里，只要搞定了李治，什么都是她说了算。所以，武媚娘所有的招数都集中在一点，必须让李治明白，他们两个是因为爱情，才能在历经了那么多的磨难还能走到一起。

武媚娘想拉拢朝中重臣长孙无忌，开始是让李治给长孙无忌的儿子安排官职，后来又让皇帝送了一车宝物给他，长孙无忌猜到了皇帝要废立皇后的意图，勉强留了几件，其余全部送回。武媚娘又安排人去讨好长孙无忌，还让自己的心腹许敬宗去做说客，但都收效甚微。

安定小公主成了母亲后宫斗争的工具，不幸惨死。虽然她的死让李治冷落了王皇后，但武媚娘的最终目的是皇后的位子。这个目的没达到，她的母亲大人就会继续斗争下去。武媚娘利用王皇后和宫女们关系不和谐的机会，刻意拉拢宫女们，利用她们为自己做事，继续栽赃王皇后。

武媚娘买通王皇后身边的宫女，做了一个小人偶，写上李治的名字，用钉子钉上，秘密埋在王皇后床下。这种做法，叫作"魇人"，也叫"巫蛊术"。古代的人认为，施了魇法的木偶，被诅咒者的灵魂就能被人为控制。安排妥当，武媚娘密报李治。李治大怒，命人在王皇后床下挖掘，果然找到了小人偶。

前有自己宠爱的武昭仪的女儿一事，如今又用"巫蛊术"想害自己，王皇后想争宠想疯了。这样的人不配做皇后，李治这次是下定决心要废王皇后了。

王皇后想用"巫蛊术"害死皇帝李治，这次让李治下定了决心要废掉她。李治先是召集大臣议事，态度很明确：王皇后诅咒朕，胆敢"魇"朕，必须废掉，立武昭仪为后！

皇帝李治发布诏书罢免了王皇后舅舅柳奭的官职，提拔武媚娘心腹李义府，召集众大臣商讨废立皇后一事。废立皇后一事遭到大臣们的全力劝阻，大臣们一致劝皇上认真调查"巫蛊术"事件，但李治已不再关注于这件事，反而把王皇后不能生育等陈年往事翻了出来。

皇帝李治因为废立皇后的事情，罢免了好几个持反对意见的大臣，看来这次李治态度很坚决。长孙无忌坐不住了，联络了好多老臣，互相嘱托：朝见皇上时，共同出头，力阻废立皇后。托孤老臣之一的褚遂良直接讲出武媚娘的出身是李治父亲的女人，现在你打算立她为后是行不通的，甚至拿自己辞去官职一事相逼。

老臣褚遂良拿武媚娘的出身说事，这刺激到了皇帝李治："平民百姓，都能自己决定婚姻，选择自己想要的爱情。我作为堂堂一国之君，难道连这点自主权都没有吗？"大臣们不由得一惊，原先软弱的李治何时变得这么强势？

皇帝李治决意废掉王皇后，长孙无忌为首的老臣们一致反对，情况进入了僵持阶段。这种情况，不是武媚娘想要的，要想出可行的办法，使李治的意见得以实施。武媚娘对老臣们细心研究后发现，这些老臣并非铁板一块，而是貌合神离，互有戒备，明争暗斗，有的甚至想借刀杀人。那就对他们进行瓦解，采取各个击破的战略就好了。

朝廷功臣之一的李勣，在大臣和皇帝李治僵持的紧要关头，竟然自称身体不舒服，没有上朝来给大臣们鼓劲。他原姓徐，是李世民手下大将，南征北战，战功显赫，功绩不在长孙无忌之下。被赐国姓李，成了李世勣。李世民死后，臣子要避讳，改名为李勣。现在，长孙无忌联络百官群起发难，李勣却临阵退缩了。

李勣的临阵退缩，在武媚娘看来是另有隐情。武媚娘找到李治，准备让皇帝召见李勣，问清他的真实想法。李勣面对皇帝李治和武昭仪，讲出了自己的心里话："废立皇后是皇帝自家的事情，自己做决定就好，何必去征求别人的意见呢？"正是这句话让李治解脱了。

废立皇后一事，李勣建议皇帝李治听从自己内心的想法，这句话说到了李治心里。他决定按照自己的意愿行事，不再顾及群臣的反对，颁布了废后诏书。半个月后，武昭仪摇身一变，成了武皇后。

武媚娘经过一系列精心谋划，成功达到了自己的目的，成为皇后。她从寺庙重返皇宫至坐上皇后的位子，仅仅用了四年的时间，这不仅和武媚娘的能力有关，皇帝李治的偏执和王皇后的一些错误决定也起到了重要作用。

永徽六年（655）十月，唐高宗李治下诏：废掉王皇后；十一月初一，立武昭仪为皇后。武媚娘是很有想法的，她知道作为李世民曾经的女人，算是李治名义上的母辈，如今"下嫁"李治不说，还成了皇后，必定遭人耻笑。所以，要找个很好的借口，堵世人的嘴。

唐王朝建立后，李治之前的两个皇帝，虽然也风流，对确立皇后人选却十分慎重：李渊称帝之前，原配窦氏就去世了，依然把她封为皇后，没有另立；李世民的长孙皇后，三十六岁就去世了，位子空了多年，太宗虽有过再立的想法，却没实施。

面对大众的非议，武媚娘打算制造并引导舆论往有利于自己的方向发展。武媚娘开动宣传机器，大打舆论战。攻势的核心，无非就是爱情自由、婚姻自主，号召人们打破封建礼教的束缚，追寻自己想要的爱情。

李治作为当时的统治者，以身作则，用自己的行动向世人表明，有理想的人应该为自己的梦想而活，勇敢地去追求自己想要的爱情，要敢于打破封建礼教束缚。

朝廷中的老臣，多半是跟李世民打过天下的，对李世民是万分的尊敬。武媚娘正是准备借李世民的威信，让那些老臣闭口。她让皇帝李治颁布了一份跟事实严重不符却死无对证的诏书：李世民重病期间，李治悉心照料父亲，李世民被李治的仁孝所感动，将武媚娘赏赐给李治为妻，待守孝期过后，就可以完婚了。

汉宣帝时期，王政君入宫为宫女。当时的太子刘奭最宠爱的司马氏，被其他嫔妃诅咒而死。太子悲伤过度，汉宣帝着急了，就在后宫办了场选秀，最终王政君脱颖而出。于是汉宣帝把王政君赏赐给太子做太子妃，最后熬成了王皇后。

武媚娘捏造的诏书中，把自己比作"政君事件"中的王政君，都是皇帝把自己的女人赏赐给当时的太子，后来儿子继承皇位。这简直是当年"政君事件"的翻版啊！这下行了吧，李治和武媚娘的结合，是遵照唐太宗李世民的遗诏，又有前朝的真实事件做例证，多合情合理啊！

武媚娘借已故李世民的口，让众大臣无话可说。随着诏书的大告天下，李治和武媚娘的难题迎刃而解，两人的结合完全是遵行李世民的遗愿，合情合理。

武媚娘曾试图拉拢长孙无忌，但是失败了。武媚娘的信条是：不是朋友，那就是敌人。后来废立皇后的时候，长孙无忌又团结了一批老臣，连番阻挠皇帝李治换皇后，更让武媚娘怒火中烧，把他列为心中的一号仇敌。武媚娘成功"升级"为皇后之后，就开始培植势力，搜罗心腹，积攒力量，准备把自己的敌人一个个清除掉。

李义府在寻找长孙无忌的敌人，目前看最主要的敌人是武媚娘。可是武媚娘住在后宫，要见她并不容易。那就找她的心腹许敬宗好了。许敬宗受武媚娘的指使，正在网罗爪牙、寻找助手。李义府向许敬宗讲了自己的处境：我被长孙无忌弹劾，那咱们有着共同的敌人。

武媚娘的几个爪牙凑到一块，讨论如何应对长孙无忌的弹劾。许敬宗没想出什么主意，倒是他外甥，想出了一个主意。众人一听，连连称妙。李义府依计而行，回府后连夜赶了一份奏折，秘奏皇帝李治。李治看到李义府的奏折，大为欢喜。原来，奏折的意思是，恳请废掉王皇后，立武媚娘为后。

李义府厚颜无耻，在密奏李治的奏折中，说王皇后昏庸，用江湖伎俩诅咒皇上，武媚娘德才兼备，支持皇上废立皇后。当时的李治在这个事情上，面对众大臣的一致反对，被搞得焦头烂额。现在看到李义府的支持，欣喜至极。尽管有长孙无忌弹劾李义府的奏折在先，李治还是下诏提拔了他。

李义府被长孙无忌弹劾一事，经武媚娘出谋划策，不仅有惊无险，反而还受到了皇上的提拔。这件事的转折，让李义府对武媚娘的前景十分看好，不出意外，武媚娘将成为皇后，以后自己再有什么事通过皇后找皇帝协调解决，就会方便多了。因此，李义府加入了武媚娘集团，做了不少大事。

大臣劝阻和社会舆论的谴责，全被武媚娘逐一解决，由此可以看出她的能力十分了得。武媚娘的权力欲望极度膨胀，但她想做什么事情还是要先通过懦弱的李治，慢慢地，她产生了取而代之的想法，对待李治也不再像以前那样谦恭。

现在有皇帝的宠爱，还有许敬宗、李义府等一帮心腹，成为皇后的武媚娘，已经不满足于眼前的权力，开始为自己的篡权之路扫除障碍。先把皇宫里对自己有威胁的人除掉。扳倒了王皇后，不是还有萧氏吗？她以前很得宠，还育有一子，威胁还是比较大的。武皇后在皇帝面前一絮叨，萧氏就被打入了冷宫。

后宫的威胁，被武媚娘轻松地解决了。毕竟她现在是皇后，又有手段，且权力、能力兼备，后宫之中已无敌手。现在武媚娘在皇宫之内，权力比自己大、地位比自己高的，就剩皇帝李治了。李治的一举一动，都在武媚娘的监控之下。而这样的结果，可不是李治想要的。

李治身为皇帝，但小到宫内琐事、大到官员任免都受到武媚娘的干涉，武媚娘对权力的攫取欲、控制欲，让他不寒而栗。稍有违逆，伶牙俐齿的武皇后就让他无法招架，狼狈而逃。

皇帝李治成了武媚娘的傀儡，心情极度的郁闷。有一天，武媚娘回老家拜祭祖先，李治不由得松了口气，总算有了短暂的自由。他想起了王皇后、萧氏在自己身边的日子，那是多么的惬意。李治专门去冷宫看望二位，却见院门紧锁，高墙厚不透风，只有一个狭小的洞口，是专门给两人传送食物的。

李治在关押王皇后、萧氏的冷宫前，伤感了半天，见不到人只好试探性地问候下："皇后、萧妃你们两位还好吧？我来看你们了。"好久才有凄惨的声音传来："我们是被皇上贬废的罪人，不敢担当皇后的尊称。如果皇上还记得往日的情意，肯让臣妾重见天日，请陛下把此冷宫取名'回心院'。"

还没等李治想好怎么替王皇后、萧氏平反，武媚娘已从心腹那里得到消息，顿时柳眉倒竖、杏眼圆睁、怒不可遏，找到李治兴师问罪。软弱的李治，见到暴怒的武媚娘，男子气概全都抛到了九霄云外，不仅不敢提给二人平反之事，连去过冷宫都不敢承认了。

软弱的李治不敢承认去冷宫看望过王皇后、萧氏，武媚娘也不再在此事上纠缠，她已决定铲除隐患。她命令把两人绑来，以企图翻案为名，各杖一百。一百板子下去，这俩娇弱的女子可就三魂丢了两魄，出气的多、进气的少了。不过武媚娘可不会让二人这么轻易地死去，后面还有更残酷的折磨在等待着她们。

王皇后、萧氏刚被打过一百大板，武媚娘还不解恨，令人将她们砍去手足，扔进酒瓮之中，任她俩自生自灭。

武媚娘在后宫争斗中将王皇后、萧氏残害致死，她把王皇后改姓"蟒"，萧淑妃改姓"枭"。表面上，这只是一种侮辱，但深层次上，这是一种心理打击，迫使其后人自惭形秽，产生强烈的自卑心理。这样，仇人们的后代因为自卑和别人的轻视，会觉得抬不起头，一辈子都苟且偷生地活着，报仇更无从谈起。

王皇后已经没了，她儿子李忠的太子之位岌岌可危。武媚娘集团自然不会放过这只羔羊。许敬宗上书，请求更换太子。没等皇帝李治表态，毫无靠山的李忠获知消息，自知储位难保，很聪明地主动请辞。李治只好把李忠降为梁王，立武媚娘的儿子李弘为太子。

朝廷老臣中，褚遂良已经被贬；老对头、核心人物长孙无忌却没那么容易扳倒，他毕竟是三朝元老，位高权重，功绩显赫，又是皇帝的亲舅舅。武媚娘虽然很想马上除掉长孙无忌，却没有因着急而失去章法。她准备逐步分化瓦解长孙无忌团结的老臣阵营，然后各个击破。武媚娘知道，打倒长孙无忌，需要时间。

李义府是个贪官，而且好色。洛阳出了桩案子，是个桃色案件，女主角复姓淳于，被抓起来了。有好事者就告诉了好色的李义府。他一听，立马来了精神，案子的女主角淳于氏，据说是个貌若天仙的美人哪！

现在的李义府，是朝中高官，又是武皇后的红人。李义府就找到负责淳于氏案件的毕正义，让他给个面子，悄悄地把淳于氏放了出来。毕正义很识相地立刻照办，把淳于氏送给了李义府。

淳于氏原本被关押着，现在重获自由，很感激李义府，就心甘情愿地做了他的小妾。但天底下没有不透风的墙，何况女主角淳于氏又是个绝色美女，有人可能是羡慕嫉妒恨，就密报皇帝李治参了李义府一本。李治一听，顿时大怒，把李义府吓得半死，赶快去找武皇后求情。

李义府很有经济头脑，这次用很小的成本拿下了淳于氏，高兴得不得了。在得知被人弹劾后，才发现自己打错了算盘：没错，这个淳于氏的经济成本是低，没花钱，可政治成本高呀！搞不好不仅官职不保，还可能会成为阶下囚！

出了问题，就得赶快解决。李义府毕竟也不是个简单人物，关键时刻找到了因此事被拘的段宝玄，面带笑容地逼人家上吊自杀。段宝玄"被自杀"，死无对证。可是李治对这个案子非常关注，打算认真追查。不料武皇后半道杀了出来，横加阻拦，说既然段宝玄都没了，那就没李义府什么事了。李治无奈，只好作罢。

武皇后出门说情，段宝玄"被自杀"的事情被轻松搞定了。但是，侍御史王义方听说李义府徇私枉法，纳了淳于氏，又逼死了段宝玄，对他是既不齿又愤怒，决意跟李义府讨个说法。

朝堂之上，王义方义正词严，上奏弹劾：李义府徇私枉法，不守官员本分，逼杀朝廷官员段宝玄，该当何罪？李义府也在朝堂之上进行反驳，被王义方厉声呵斥，有理有据，李义府自知理亏不敢再言。王义方的慷慨陈词，皇上李治却听得呆若木鸡。这个事情武皇后已经求过情了，怕是不太好办。

皇帝李治虽性格软弱但又不傻。王义方弹劾李义府，慷慨陈词，有理有据，他听得清清楚楚，明显是李义府不守官员本分，理应处罚。但是武皇后前番刚因为这件事大闹了一场，如今朝臣又来弹劾，我该如何表态？公正表态，按律处罚了李义府，又该如何向皇后交代？李治做出了违心的决定后，便拂袖而去。

御史王义方弹劾李义府，皇帝李治迫于武皇后的压力，认定王义方是"毁辱大臣"。弹劾奸臣，居然成了毁辱大臣，不仅王义方，就连长孙无忌也感到了阵阵寒意。王义方被贬，李义府的官位不仅稳如泰山，而且还升了一级。

李治的前半生是幸运的。争太子，本来没自己的份儿，结果鹬蚌相争，渔翁得利；做太子后，半路杀出吴王李恪，唐太宗李世民欲换太子，舅舅长孙无忌成功说服了李世民，李治顺利继承皇位。

李治成了皇上，却无法为自己的婚姻做主，听信王皇后的话，自由了一把，硬气了一回，冲破阻力把武媚娘接回了宫中。在武媚娘成为皇后之后，才发现她的权力欲望很强，甚至把自己当成了傀儡。此时，亲人们一个个地离自己而去，只剩下舅舅长孙无忌，率领一众老臣和武媚娘做殊死的较量。

在武媚娘杀害王皇后、萧氏的时候，李治选择了退缩，她们两个死得如此凄惨，这让李治放弃了反抗。

武媚娘对王皇后、萧氏的残酷虐杀，正是在给李治施加心理压力。杀人不过头点地，何必把她们的死状弄得如此恐怖？弄得自己也噩梦连连？没错，她就是要杀给皇帝看。你不是想帮她们平反吗？那我就让你看看，你"挺"谁，谁就会死得很惨！你可以反对我，但后果，你要清楚！

武媚娘是要通过行动告诉李治：表面你是皇上，权力最大；但在内心，你要臣服于我！所以，她的策略是：哪怕皇帝有一丝一毫不服的苗头，也要坚决打压！绝不手软！绝不姑息！而李治面对打击，不是愈挫愈勇，而是更加软弱。他厌倦了政治斗争，厌倦了流血，干脆无为而治，顺其自然吧。

李治的无为而治，更放纵了武媚娘，这也正是武媚娘乐意看到的。李义府纳淳于氏一案，正是李治这种心理的体现。最初，有人弹劾李义府，说他徇私枉法，李治觉得应当将其法办；武媚娘一出来阻挠，他就知难而退，不敢管了。偏偏出来个王义方，非要查个清楚，李治心里很清楚是怎么一回事，但也听之任之了。

李治把站在正义一方的王义方贬职，把站在武媚娘一方的李义府升职，就是不作为，不敢惹武媚娘生气。她一生气，首先遭殃的是自己。现在把王义方贬职，官虽没了，好歹能保住性命。

趁着皇帝李治不作为的大好时机，武媚娘集团把黑手伸向了老臣长孙无忌。洛阳的韦季方等人，遭到许敬宗弹劾。原来许敬宗逼迫韦季方，要他把长孙无忌牵连进来。没想到，韦季方是条汉子，坚决不同意，以刀自刺，奄奄待毙。许敬宗于是向李治禀报，说长孙无忌和韦季方等企图谋反，韦季方畏罪自杀未遂。

长孙无忌谋反，皇帝李治肯定是不相信的。但许敬宗伪造了韦季方的供词，称长孙无忌谋反，证据确凿。毫无办法的李治只能将长孙无忌贬官；下令许敬宗等人，严查此案。这下，武媚娘集团可以尽情表演了。许敬宗先斩后奏，逼迫被贬的长孙无忌自杀，而后捏造供词，无中生有的谋反，终落成了白纸黑字。

李治看到长孙无忌的"供状"，有些相信了。这时的李治，感觉自己受到了最后的亲人——舅舅长孙无忌的背叛，心灰意懒，下令将长孙无忌的兄弟子侄，一并处死。谋反案牵连多位老臣，几乎被斩尽杀绝。长孙无忌当年捏造谋反罪名，害死了吴王李恪，是为了保护李治。没想到若干年后，被别人用谋反的罪名，陷害致死。

除掉了长孙无忌，武媚娘集团取得了不小的胜利。前途光明，武媚娘终于可以大展拳脚了。

为了陷害别人，不惜杀死自己的亲生女儿来吸引别人的同情，这么心狠手辣的女人还有什么事情是做不出来的？长孙无忌谋反案，所有证据都是由武媚娘的心腹提供的，这些都很容易伪造。现在长孙无忌没了，李治身边再无其他亲人。武媚娘会不会向自己下毒手？李治想起来都不寒而栗。

陷入绝境的李治，准备再搏一次，壮着胆子准备废掉武媚娘的皇后头衔，不然，将来自己的下场可能会更惨。李治把自己的心腹上官仪找来商量对策。上官仪面对皇帝直言："换！该换！早就该换了！"听到这话，李治心里才安定了一些，就让上官仪当场起草诏书。

李治让上官仪起草废武皇后的诏书，上官仪起草完毕后告退。李治稳了下心神，把写好的诏书仔细看了一遍，准备第二天一上朝，就绕开皇后，直接昭告天下。但没多久，一个身影急匆匆闪入，从李治手中夺过诏书，撕个粉碎！

从皇帝李治手中夺过诏书的不是别人，正是武皇后！现在的武皇后已经了解了个大概，便朝李治破口大骂。已经吓傻的李治哪敢说半个不字？反倒赔起不是来。这场废后"大戏"，就这样胎死腹中。

李治尚且如此，上官仪哪里还能保住性命？武皇后诬陷他串通前太子李忠谋反，再次把事情搞大。自觉"理亏"的李治非常无奈，为了自保也只有把亲儿子李忠和心腹上官仪，以及其他相关人员全部杀死。

武皇后平息了"废后风波"，再次实现了对李治"挺谁谁死"的心理折磨。李治呢？又少了一个儿子，还是自己下令杀死的。

李义府加入武媚娘集团后，捅了再大的娄子都有武皇后在背后撑腰，每次都能逢凶化吉。慢慢地，仗势欺人的李义府愈加狂妄自大，居然不把皇帝放在眼里了。他本来就劣迹斑斑，平时结党营私，党同伐异，飞扬跋扈，朝廷上下已是天怒人怨。有人再次密奏李治要弹劾李义府，李治知道他是武皇后心腹，准备训斥一番了事。

李义府仗势欺人惯了，这次没摆正自己的位置。他听罢李治训斥，脸色大变："谁告诉皇上的？"李治听到这句话是又惊又气，心想你一个下属也太放肆了！李义府看到了李治怒气的样子，也不谢罪，昂首拂袖而去。

李治前思后想，朝中能动得了李义府的，只有老臣李勣了。李勣功绩显赫，不亚于长孙无忌。不同的是，在王皇后废立之事上，他倒向了武皇后。但是对李义府这种小人，他十分厌恶。事情移交给了李勣。经李勣一审，李义府恶贯满盈，罪状甚多，最后将其流放。

对小人李义府的流放处理，朝野上下拍手称快。武皇后面对舆论也是无可奈何。何况，她也没打算对支持过自己的老臣李勣下手。过了几年，武皇后心腹许敬宗，得病死了。

武媚娘手段残忍地杀死王皇后、萧氏，固然震慑了对手，却也让自己人胆战心惊，悄然戒备，以免遭遇同样下场。人死就死了，何必让她死得那么惨？从己方阵营来讲，如此暴虐，难免离心离德。

若干年来连续对外，武皇后羽翼已丰。皇帝李治自知不是武皇后的对手，也乐意做个甩手皇帝。

皇帝李治年龄大些后，开始有了头晕、头痛的毛病，还常常出现眼睛昏花的情况。他干脆把朝中所有事务彻底放给武皇后，让武皇后处理朝政。武皇后高兴极了，自己梦寐以求的终于变成了现实。

武媚娘的母亲杨氏生了三个女儿，武媚娘是次女，长女武顺早年守寡，三女已经去世。武顺被封为韩国夫人，她仗着妹妹的权势，来去皇宫，毫无避忌。次数多了，就被李治见到了。两人日久生情，就勾搭上了。

李治和武皇后的姐姐勾搭上以后，知道她有个女儿贺兰氏，同样妩媚可爱。李治见了，也宠幸上了。武顺以为有皇帝做靠山，高兴还来不及，哪敢有别的想法？在后宫，武皇后的眼线遍地都是，这样的艳事武皇后怎么可能不知道！

皇帝李治若是宠幸别家的女子，下场恐怕早就和王皇后、萧氏一般碎尸万段了。可这一次，武皇后面对的是自己的亲姐姐、亲外甥女。武皇后在顾念其同胞姐妹的分上，准备将其送出宫去，远离长安。历史上有说武顺被武则天毒死，也有说武顺因心里愧疚上吊自杀。

皇帝李治觉得韩国夫人的女儿贺兰氏十分可怜，就封她为魏国夫人。武皇后不便阻挠，但暗中已经做好了报复准备。

武皇后的外甥女毕竟年轻，不知险恶，被封了魏国夫人，对李治更是感激不尽，献身以报。这些都被武皇后看到了眼里，但她没有发作，而是在等待时机。一天，两位大臣向皇宫进献美食，武皇后偷偷在食物内投下烈性毒药，然后派人去请魏国夫人前来享用。

魏国夫人吃了大臣进献的食物中毒身亡，武皇后假装惊恐，叫来皇帝李治。李治又惊又怒，下令杀了进献食物的大臣。李治为了一时的欢愉，被武皇后巧妙设计，不仅害死了两个心上人，还借助食物中毒的事件，杀掉了两位大臣。

皇帝李治所立太子李弘，是武皇后亲生。但他似乎继承了更多李治的基因，为人宽厚。对母亲的一些做法比较抵触，认为太过残暴。母子之间，隔阂渐生。萧氏生育有两个女儿，因母亲被废，也被幽禁。后来两人都三十多岁，早过了嫁人的年龄了，却没人敢出头做主。太子李弘看不下去，找母后说情，惹得武皇后很生气，由此加深了母子二人矛盾。

有一天，太子要陪李治去合璧宫。临行前，武皇后给他们送行，赏赐太子美酒、美食。太子酒足饭饱，到了合璧宫，肚子越来越胀，找大夫、吃药，毫无效果，呻吟了几天，居然死了。

太子李弘死的时候才二十四岁，就因为和母亲政见不和，惨遭亲生母亲的毒手。太子和皇帝的关系很好，一旦李弘登基，会收回武皇后手中的权力，这是武皇后不想看到的。凡是对武皇后的权力构成威胁又不肯降服的，都会被一一清除。

李弘有三个亲弟弟，二弟李贤，三弟李显，四弟李旦，都是武皇后所生。李弘死了，次子李贤成了皇太子。武媚娘害死王皇后、萧氏后，噩梦不断，就听从高人的话，常住在东都洛阳。都城长安，由皇太子监国，处理国家大事。新太子李贤，能力不错，受到众人称赞。不过在武皇后看来，却是对自己的威胁。

有人向武皇后进言，说太子李贤英武，很像太宗李世民。李世民，可是一个狠角色，李贤的优秀表现让武皇后有了恐惧感。于是亲撰《孝子传》等书籍，让太子看。太子十分聪明，看透了母亲的意图。

由太子监国，武皇后暂时放开了权力。但她对权力的欲望，使得她在有人威胁到她权力的时候，还是会下重手打击。武皇后对李贤的管控，让两人慢慢疏远。没多久，武皇后就指使他人诬告太子谋害大臣，将太子废为庶人，打入大牢。此后还不罢休，居然要"大义灭亲"杀了李贤。

又要杀儿子？软弱的皇帝李治真心伤不起了。他向武皇后苦苦哀求，这才暂时保住了李贤的性命。李治接连遭受爱子去世、被废的打击，病情变重。武皇后对前来问诊的太医横挑鼻子竖挑眼，故意不积极地给李治治病，李治的病情愈发严重。终于，唐高宗永淳二年（683），李治病逝，算是结束了自己的傀儡生涯。

唐高宗李治在治国上能力一般，对待后宫更没什么好办法。但他也有他的优点，对百姓仁爱。他当政期间，推行了一些仁政，百姓还算安居。不过自武皇后掌权后，就没有好的政绩了。

李治死了，武皇后没了傀儡，权力直接掌握到了自己手中。公元684年到705年，这二十一年，名义上经历了三个皇帝，即唐中宗、唐睿宗和武则天，但政权一直掌握在武则天手中。

武皇后想成为武皇帝，这需要民心，目的是让自己的登基之路，从下到上，从百姓到高官，都要从内心里认同自己做皇帝。

李治死后，武皇后的第三子李显继位，史称唐中宗。再后来，皇位由弟弟李旦接手，史称唐睿宗。前面有那么多的太子、皇帝死于非命，李旦对皇帝的这个空职看得很淡然，基本是效仿父亲李治。因为在武媚娘的控制下，皇帝成了高危职业。

太子和皇帝，如果做事不合武媚娘的胃口，随时会被废。但她频繁地废立，会让一些皇子产生投机心理。太子、皇帝作为一个国家很重要的政治人物，在武媚娘的操控下，毫无庄严性可言，变成了一个女人仅凭自己的喜好、心情就可以频繁更改的笑谈。

武媚娘想撇开他人，自己做皇帝。这个想法很另类，一个女人做皇帝，以前从未出现过。那好，武媚娘再次颠覆和重建世人的认知。她开始公开地穿皇帝的礼服，俨然就是一个女皇帝。那些不能接受自己的旧势力，就杀掉好了，为支持自己的新人腾出位置。

武媚娘从"第一夫人"，到"第一人"，其间多少人头落地，就算是自己的亲属，挡了路也必死无疑。她的父亲武士彟先后有两任正房妻子，前妻生了两个儿子，分别是武元庆、武元爽；后妻杨氏生了武媚娘三姐妹。前妻和后妻的子女，多不和睦。武元庆、武元爽经常跟继母杨氏叫板。

武士彟死后，兄弟二人和继母的矛盾激化，杨氏没生儿子，在家族中很受歧视，领着女儿艰难度日。矛盾日积月累，恩怨越来越深。后来武媚娘成了皇后，一人得道，鸡犬升天，武元庆、武元爽也被封了官职。但和谐只是表面，不久武皇后便找借口把两人给贬了。两兄弟知道武皇后是借机报复，忧惧交加，先后病死。

李治一死，武媚娘成了手握实权的实力派。她对亲人的看法有所改变，对姓武的不再六亲不认，而是拉拢、培植；对李氏宗族则毫不客气，大开杀戒。当年贬了同父异母的两个哥哥，导致两人郁郁而终，武媚娘有些后悔，毕竟都是兄妹。念及此，她"不计前嫌"提拔了侄子武三思、武承嗣为官。武氏鸡犬升天，李氏愁云惨淡。唐宗室的皇亲贵戚，先后有几十人被杀；那些不会见风使舵的老臣，也有几十人被杀。

在历史上，人们对武则天的关注度是极高的，有很大原因是大家把关注点集中在武则天的私生活上，不厚道的人们显然是狭隘的传统思想在作怪。客观地分析可以发现,武则天建立的武周王朝，丝毫不比唐朝的任何一个时期逊色。武周时期，政治清明，百姓安居乐业，军事实力强大，文化繁荣昌盛。

一些道貌岸然的人，利用武则天的私生活来攻击她，其实是不客观的，是男人的心理在作怪，容不得一个靠权谋起家的女皇帝的存在。武则天对于继承人的选拔和培养，心中也是有数的。当时，她的侄子中有人非常想做太子，准备以后接替武则天做皇帝。武则天思前想后，还是决定把江山还给李家。

神龙元年 (705)，武则天重病在身。她让出了皇宫，自己搬到皇城西南的上阳宫养病。李显再次继位后，给母亲尊号 "则天大圣皇帝"。

李显二十二岁继承皇位，正是风华正茂、青春激扬的年纪，正想甩开膀子大干一场，不想身在皇位却什么事也做不了主，在一年后草草下台，从皇帝降成了普通人。还好，在宰相张柬之等人的政变之下，他被再次推上皇位。

如果才能不足，可以重用贤能帮助治理国家，可李显偏偏重用那些盯着他皇位的野心家。

武则天把持朝政的教训在前，李显丝毫不吸取教训，允许皇后韦氏干预朝政。为彰显对韦氏的信任，李显还不顾众人反对，把老丈人韦玄贞破格封王。李显还任命武三思为高官，并赏赐 "免死铁券"。武三思是臭名昭著的小人，还和自己的皇后韦氏私通，对自己的情敌加政敌母后的侄子如此宽厚，可见李显的昏庸。

李显对待帮助他夺回皇位的张柬之等人，没有感恩图报，反而听信韦皇后、武三思等人的谗言，把张柬之等人明升暗降，调离京城。疏离重臣，听信小人，这样的皇帝肯定是坐不稳皇位的。后来韦皇后效仿武则天听政，朝中大臣多有怨言，大臣桓彦范就毫不客气地上表：《尚书》说如果母鸡司晨打鸣，这个家就要败落了。

大臣们发现每次皇帝上朝，韦皇后总是坐在帷帐后面干预对军国大事的处理。大臣桓彦范先是引经据典，然后举例说明危害，最后又提出建议，希望皇上以社稷为重，吸取古往今来的教训，从严管理后宫，不要让后宫参与朝政。

皇帝李显受母后欺压惯了，逆来顺受，倒也养成个好脾气。桓彦范虽然说话难听，李显也没有发脾气，至于桓彦范的忠言，自然是左耳进右耳出了。虽然他没有记住桓彦范的话，但韦皇后和武三思等人记得清清楚楚，桓彦范后来被武三思等小人陷害致死。

一个皇帝没了威望，大臣们肯定会看轻他，更何况那些身居高位的人，各种夺权的派系暗流涌动。最先发动的是太子李重俊。当时李重俊虽贵为太子，却受到姐姐安乐公主的欺负。因为安乐公主最得李显和韦皇后喜爱，后来嫁给了武三思的儿子武崇训，靠山很强大。她常以戏弄太子为乐，甚至把太子喊为奴。

安乐公主不明事理、张扬跋扈也就算了，但皇帝李显明知太子被喊为"奴"，却不做任何反应。太子李重俊眼见形势越来越混乱，如果不采取行动，他必定会死在韦皇后手中。唐中宗景龙元年（707），李重俊领兵发动政变，准备将后宫的韦皇后、武三思、安乐公主等人杀死。

太子李重俊领兵政变，杀死了武三思和武崇训等人，可韦皇后却挟持皇帝李显逃到了玄武门的门楼上，下诏重赏可以杀掉太子的人。结果，李重俊被倒戈的士兵杀死。他其实并没有造反之事，只是想把为乱后宫的那些人全部杀掉，稳固自己的太子之位，结果却丢了性命，头颅被用来祭奠小人武三思。

儿子帮父亲清理身边的坏人，反而被父亲命人杀害。李显虽然是皇帝，但他没有主见，事无巨细都是韦皇后做主。但韦皇后并不满足，她已经厌烦了站在后面把持朝政，想要光明正大地站出来，也做女皇帝。这样，名义上的皇帝李显就成了她脚下的绊脚石。

怎么处理皇帝李显，韦皇后犹豫不决。他们好歹也是多年的夫妻，并且李显对她也是绝对的信任。是女儿安乐公主给了她决心，把李显除掉。安乐公主是李显最宠爱的女儿，肯定没什么深仇大恨，但安乐公主恨李显不给她皇太女的名分，心中的怨恨掩盖了父女的亲情，让她起了杀父之心。

景龙四年（710），唐中宗李显被韦皇后和安乐公主合谋毒死。对母亲恭顺，可母亲夺了他的皇位；对妻子言听计从，可妻子背叛了他；把儿子立为太子，可儿子却领兵造反；对女儿无比宠爱，可女儿最终毒死了他。这就是李显悲惨的一生。

皇帝李显没处理好家事，国事上也是一塌糊涂。应该说，武则天给他留下的家底和环境是非常不错的，但由于李显"亲小人、远贤臣"，皇宫内部争斗不休，边境的敌人趁机进犯。好在李显当皇帝只有短短的五年，也没采取什么大的变革措施，没造成国家大的动荡。

　　韦皇后毒死了皇帝李显，才发现自己动手太早了，和武则天相比，她还远远不具备直接当皇帝的条件。武则天做皇后以后，就开始内部辅政，为国事费尽了心血，威势与皇帝毫无二致，当时和李治并称为"二圣"。到她称帝时，已经把持朝廷大权三十多年，朝廷中大多数官员都是她任命、提拔的新鲜血液，威望卓著。

　　而韦皇后把持朝政不满五年。虽然通过与小人武三思合谋除掉了一些反对势力，但终究在朝廷中根基太浅，未成气候。更何况她所倚仗的武三思父子也被李重俊杀死了。李显活着，就是韦皇后的一把保护伞，任何决定都可以授意李显得以通过，其他人就是有意见，也只能是对李显提。

　　夺权心切的韦皇后母女，明显缺少政治斗争经验，竟然把自己的保护伞李显干掉了。现在李显死了，韦皇后想继续"垂帘听政"，但当时有三股势力展开了权力追逐战。

　　这三股力量，一支是韦皇后母女，另一支是太平公主，还有一支是相王李旦及其子李隆基。李显尸骨未寒，三队人马就权力的分配进行了密切的磋商。凭借各自实力的角逐，撰写了一部假"遗诏"，内容主要包括：立温王李重茂为皇太子，韦皇后"垂帘听政"，李旦辅政，太平公主职务不变。

　　李显死后的权力蛋糕已经被分割完毕，当时大家都没有异议。但"人心不足蛇吞象"，韦皇后不想把自认为自己的胜利果实分给别人，偷偷把内容改为李旦为太子太师，想达到架空李旦、自己专权的目的，同时准备想办法进一步算计李旦和太平公主。

　　韦皇后的自私行为，破坏了三股势力和平相处的假象。在李重茂上位后仅十天，相王李旦之子李隆基突然发动政变，偕太平公主之子薛崇简率领上万羽林军包围后宫，诛杀了韦皇后、安乐公主等人，将韦氏一派一举铲除。韦皇后母女为自己的不计后果付出了生命的代价。

韦皇后死后，百官推举李旦做皇帝。李旦推辞不做，在众人的强烈要求下，这才勉强同意。公元710年，李旦在承天门楼继位，成为唐睿宗。他上位后就把诛杀韦皇后母女有功的三儿子李隆基立为太子。公元712年，在位两年零两个月的李旦把皇位传给了太子李隆基。至此，唐朝后宫乱政的混乱局面终告一段落。

第 六 章

开元盛世
——李隆基的奋斗之路

公元712年，李隆基继位，史称唐玄宗，年号先天，后改元开元（713）。

公元723年，李隆基建立募兵制，唐朝军事制度正式施行改革。

公元745年，杨玉环被李隆基封为贵妃。

公元755年，安禄山叛乱，迫玄宗赐杨贵妃自缢。

公元756年，李隆基退位，太子李亨继位，史称唐肃宗。

公元762年，李隆基病逝。

◇◆◇◆◇

唐玄宗李隆基（685—762），史称唐明皇。李隆基是唐太宗李世民的重孙，其母为窦德妃。

李隆基呱呱坠地时，大唐帝国已走过了六十多年的历程。李隆基的母亲窦氏的曾祖父是唐朝开国重臣窦抗。追溯历史，隋末李渊任弘化郡留守时，妻兄窦抗曾跑来劝说起兵。

窦抗的孙子，名叫窦孝谌，也就是李隆基的外祖父，历任太常少卿、润州刺史等职。窦孝谌有个女儿，貌美如花。唐嗣圣元年（684）深秋，睿宗特地册立窦氏为德妃。次年仲秋，生下一个男婴，取名隆基。

李隆基有众多的哥哥与弟弟，他本人排行第三，时人亲切地称之为"三郎"。大哥名叫李成器，寓意是大器晚成，由于"器成"和"气成"是同音，所以调整了一下顺序叫成器。其母刘氏是唐初将领刘德威的孙女。睿宗居藩时，刘氏为妃。睿宗继位初，刘氏为皇后，而年仅六岁的李成器以嫡长子身份被立为皇太子。

二哥名叫李成义。虽然其母柳氏身份卑微，但李成义还是得到了武后的喜欢。至于几个弟弟，一是李隆范，母亲崔孺人，二是李隆业，母亲王德妃。范、业二弟比李隆基略小一岁，都在垂拱三年 (687) 以前出生。小弟弟李隆悌，其母是宫女，早年夭折。

唐睿宗有六个儿子。垂拱三年闰正月，除了皇太子李成器外，其他皇子均封王，如李成义为恒王、李隆基为楚王、李隆范为卫王、李隆业为赵王。

据说，李隆基始封楚王那天，虚龄三岁，实龄不足一岁半，武后抱着他在神都宫殿高楼上眺望江山。忽然，一不小心，将婴孩坠落地下。左右侍者惊呆了，慌忙跑上去扶抱，而小隆基居然没事，天下都认为这是奇异的事。

李隆基六岁那年，即天授元年 (690)，宫廷里发生了一件大事件：六十多岁的老祖母以惊人的魄力与勇气，举行了正式的登基典礼，尊号为"圣神皇帝"。武则天经由数十年的奋斗，跨越重重政治障碍，最终如愿以偿，成为中国历史上唯一的女皇帝。

武则天自己称帝，建立了周朝，原来的李姓皇帝怎么得体地处置呢？降唐睿宗为皇嗣，赐姓武氏；宣布皇太子李成器及李隆基诸皇子为皇孙，也一律由"李"姓改为"武"姓。虽然睿宗本来就是傀儡，毫无实权，降为皇嗣并无实质性的影响，但毕竟不是令人愉快的事。

父亲被降黜以后，李隆基诸兄弟再也不能住在禁宫里了。天授二年 (691)，李旦从皇帝宝座上下来了，他和儿子们也就被迁出皇宫，美其名曰"出阁"，实则是疏远调离。

武则天称帝，一方面以睿宗为皇嗣，另一方面重用武姓子弟，封武承嗣为魏王、武三思为梁王。

武承嗣权势显赫，就在李隆基兄弟"出阁"前不久，武承嗣让一批人打着民意的幌子，联名请愿让自己当皇帝。这种活动遭到一些大臣的抵制。李昭德对武则天说："陛下身有天下，当传之子孙，怎么能给侄子呢？"

武则天终究屈从于"传之子孙"的传统观念。但是，武氏子侄的实力和地位急剧上升，给皇嗣造成了严重的威胁。回顾当年在万象神宫拜祖大典时，女皇武则天、魏王武承嗣、梁王武三思三人主持献酒礼。在这样隆重的礼仪上，皇嗣没有出场，说明其处境已是十分不利了。

小隆基未必能理解父亲李旦浮沉的政治背景，但对武家咄咄逼人的气焰还是能感受到的。长寿元年（692）十二月四日，即大享万象神宫的次日，窦氏和刘氏来到内宫嘉豫殿拜见武则天，回去后同时遇害。直到十八年后，睿宗复位，追封刘氏为肃明皇后、窦氏为昭成皇后。

司马光认为，只有联系女皇登基以来复杂的政治斗争，才能揭开谋杀案件的真相。两年多前，武后改唐为周，睿宗降为皇嗣，原皇后刘氏也相应地降为妃子，窦德妃也丧失显贵的地位，她们心中自然愤恨不满。

窦氏、刘氏二妃院内挖出桐人，诅咒武后，据当时手抄记载确有此事。如果是告发者诬陷，查无实据，那么武则天不会断然害死两个儿媳妇。后来告发者也被处死，很可能是杀人灭口。可见，主犯是武则天。两位妃子遇害时，作为皇嗣的李旦十分畏惧，竟不敢吭一声。

因窦氏诅咒武后而离奇死亡后，庞氏只为女儿惨死而恐惧，绝不敢诅咒女皇武则天。在诬告成风的年月里，家奴告其主，以求官赏，如果稍加核查，真相不难水落石出。可是，案件偏偏落在酷吏监察御史薛季昶手里，他以莫须有的罪名向上级打小报告而获功，被武皇后提拔，进而硬判庞氏坐斩。李隆基的舅舅出来说情，同时碍于侍御史徐有功的面子，才免庞氏一死。

刘妃、窦妃死后第二个月（腊月），李旦诸子一律降为郡王。按照法律，皇子们封王，皇孙们则封郡王。因此，李成器为寿春郡王，李成义为衡阳郡王，李隆基从原楚王改为临淄郡王，李隆范为巴陵郡王，李隆业为中山郡王（后改封彭城郡王）。女皇武则天为了防范这些郡王的活动，还采取了"随例却入阁"的措施，把他们软禁在深宫。

据说李隆基诸兄弟在禁宫的生活，被管教得很严厉，打骂是经常有的事。当然，李隆基的处境可能好些。一则有所谓"皇嗣"的爸爸在宫中罩着，二则被窦德妃的亲妹妹悉心抚养。母亲被杀，李隆基近九岁，生活上有窦姨庇护，那境遇也就好得多了。幽闭宫中，可以与太常乐工相伴，学习音乐、书法、骑射等技能。

李隆基诸兄弟幽闭内宫不久，发生了一件轰动朝野的事，那就是安金藏剖腹案。长寿二年（693）一月，裴匪躬、内常侍范云仙因为私下会见皇嗣，结果在大街上被腰斩。然后，公卿大臣及其官后代们都不敢来见了，皇嗣身边进出的只有一些太常乐工。不久，又有人诬告皇嗣有反对武则天的图谋，武则天就派著名的酷吏来俊臣去查办。

酷吏来俊臣给每人戴上手铐，大搞逼供。有个乐工名叫安金藏，使出吃奶的劲为皇嗣辩护说："既然你不相信，就请把我的心剖开来证明皇嗣不会造反。"紧接着就用佩刀剖腹，流血满地，昏厥过去。女皇武则天知道后，被这壮烈的一幕镇住了。第二天，武则天亲临探望叹息说："我的孩子还没你有忠心啊！"于是，下令不再追究李旦了。

武后篡唐为周，引起了封建统治集团内部的新矛盾。睿宗由于自己落选，加上两个妃子被杀害和五个儿子被幽禁，不满的情绪是难免的，但还不会有谋反的意图。武则天作为历史上杰出的女政治家，被权欲所迷惑。为了巩固女皇的绝对地位，镇压一切她认为是反对她的人。即使是儿子、孙子和儿媳妇，也绝不手软。

总而言之，李隆基在幽闭禁宫的六年多的时间里，早已失去了祖母武则天的宠爱，成为一个磨难少年。他目睹酷吏的罪恶行径，尤其是酷吏薛季昶和来俊臣惨无人道的暴行，既感到疑惧不安，又深恶痛绝。这段难忘的经历，对唐玄宗政治思想的发展成熟起了一定的作用。

李隆基十五岁时，即武周统治的后期，出现了重大的转变。武则天采取绥靖政策结束了酷吏政治，改善跟儿孙们的关系，协调封建统治集团的各种利益。于是，李隆基诸兄弟包括众多的堂兄弟重新"出阁"，恢复了自由，再次回到洛阳。这时，十七岁的李隆基已成长为热血青年，从深宫走向社会，走向民间，在政治上逐渐成熟起来。

皇太子的重新确立，标志着武周统治进入了一个新的阶段。对于原李姓皇室子孙们来说，这无疑是天上掉馅饼。所谓"皇嗣"，就是下一任皇位的候选人。武则天一方面喜欢小儿子李旦，但另一方面也越来越多地看到睿宗的懦弱和某些离异倾向。因此，更多地提拔侄子武承嗣和武三思。

到圣历元年（698）二月，武承嗣、武三思想当太子，数次怂恿他人向女皇武则天说："自古天子未有以异姓为嗣者。"言下之意，武后为帝，当以武姓者为皇位继承人，而皇嗣睿宗则是李姓的大唐帝国的人。其实，武则天早已考虑到这一点，降睿宗为皇嗣，同时赐姓武氏。所以，从皇嗣的建置来说，并未违背以同姓为嗣的原则。

问题在于：今后皇位传给"赐姓武氏"的儿子还是传给武姓的侄子？武则天虽然贵为皇帝，但毕竟是女流，碰到这个棘手问题，她曾长期犹豫不决，但最终还是遵循了传子的原则。大臣狄仁杰说，姑姑因为是嫁出去的人，不可能被放进宗庙里祭祀，享受死后的荣耀。但如果让儿子继位，即使他们对自己再有怨恨，也不会把她这个做母亲的怎么样。子女对父亲和母亲必须孝顺，否则就是不孝。封建社会的伦理道德，让武则天吃了粒定心丸，决意让李家人接管江山。

武则天皇位传子不传侄的第一个原因：武则天不能摆脱近千年的封建宗法制度。中国封建社会的家族以男子为中心，所有需要继承的都是传男不传女。武则天虽能以非凡的气概，冲破阻碍女子称帝的种种传统观念的束缚，却无法在皇位继承问题上打破传统。

武则天把皇位传给儿子，那就意味要从武周王朝恢复到李唐王朝。武则天降睿宗为皇嗣，又赐姓武氏，就是想解决传子不同姓的矛盾。而狄仁杰强调没听说过侄子是天子，死了埋在姑姑的坟旁，恰恰抓住了武则天的后一种心理。

武则天皇位传子不传侄的第二个原因：大臣中"拥李

163

"帮"实力雄厚。自武后称帝以来，封建统治阶级内部斗争十分激烈。高宗诸子与武后诸侄之间，"拥李帮"与"拥武帮"官员之间，充满着种种矛盾。在酷吏来俊臣被处决后，正直朝臣力量大增。在狄仁杰等"拥李帮"的推动下，最终确定了传子。

按理说，李旦早已成为皇位的候选人。但是，李旦的懦弱无能和无所作为，使得谁都清楚其不是理想的人选。狄仁杰提出：召回庐陵王李显，立为皇太子。这一决定也获得了武帝的同意。

圣历元年（698）三月，庐陵王李显从幽闭之所房州回到了神都洛阳。八月，武承嗣因为不能当选为太子，郁郁寡欢，结果一病不起死了。九月，庐陵王李显被立为皇太子。

圣历二年（699）正月，辞掉皇嗣的李旦被封为相王。同年十月，李隆基兄弟五人脱离禁宫，也在东都积善坊"分院同居"，号称"五王子宅"。回想初次"出阁"，李隆基才七岁，那时父皇被降辞，武氏诸王气焰嚣张，日子很是不好过。再次"出阁"时，李隆基已经十五岁了，伯伯为皇太子，父亲为相王，境况已是今非昔比。

长安作为唐王朝的京城，是令人神往的圣地。李隆基十七岁时跟随祖母来到长安，视野更开阔了。远在永淳元年（682）夏，关中灾荒，唐高宗就带着武则天来到了东都洛阳。第二年年底，高宗得病，他曾经希望能延长自己一两个月的寿命，一定要再回长安，死了也没什么遗憾了。

武后废了中宗，干脆改洛阳为"神都"，并以此作为统治全国的行政中心。直至大足元年（701）十月，女皇武则天率领太子、相王、宗室子弟以及官员们的家属，浩浩荡荡地进入关中，回到了阔别近二十年的长安。

为了表示此行的隆重，武则天宣布大赦天下，所有监牢里偷鸡的、杀人的都无罪释放，改元长安。所谓"长安"年号，一方面是说明重新回到长安，另一方面也是有长治久安的寓意，反映了武则天晚年的愿望。

然而，长安三年 (703) 九月，武后又发病了。臣僚们担忧她会逝世，可见病情之严重。如果说唐高宗渴望"只要回长安就死而无憾"，那么，武则天不回洛阳就死有遗憾，因为"神都"是历史上唯一的女皇帝统治全国的象征。所以，这年十月，武则天在众人马的拥戴下，又匆匆地返回洛阳。

在长安的两年里，女皇和太子等住在大明宫，而相王和李隆基诸兄弟则"赐宅于兴庆坊"。兴庆坊，也叫隆庆坊，在长安城东南角。传说这里原是平民王纯家，是个风水宝地。王家水井常常外溢，即著名的龙池。李隆基诸兄弟住在池北，如同在东京积善坊一样，一人一间，所以也称"五王宅"。

李隆基的青少年时代是不平坦的。一方面，他生活在皇宫和府邸里，即使幽闭时仍有"临淄郡王"的封号，物质享受自然是丰厚的；另一方面，他又经历了宫廷内部的激烈斗争，跟父亲李旦一样，长期处于险恶多变的境地。正是这种生活逆境，造就了李隆基英武果断、不拘小节的性格。

复兴李唐王朝，无疑是李隆基的抱负。那时，他十四五岁，逐渐对时局与政治有所了解。庐陵王李显被立为皇太子，反映了复兴李唐的政治潮流不可阻挡。尽管后来皇太子被赐姓武氏，但在天下士庶的心目中，太子仍然是李唐王朝的象征性人物。

很快，恢复李唐王朝的时机来临。这个过程"五王"发挥了关键作用。"五王"是指张柬之、桓彦范、敬晖、崔玄韦、袁恕己，他们是政变的策动者，后来被唐中宗封为王，所以称"五王"。而当时的所谓"二张"，是指张易之、张昌宗，这俩兄弟是唐初名臣张行成的族孙，时人呼之为"五郎""六郎"。由于他们善于歌舞，会炼丹药，女皇武则天晚年寂寞难耐，经常留宿兄弟二人。

要匡复李唐，首先必须除掉张易之、张昌宗。神龙元年(705)正月，张柬之鼓动右羽林大将军李多祚说："将军既然感恩于高宗，今天就是报恩的好日子。"李多祚表示不惜身家性命，愿意效劳。于是，制订了政变的实施方案，并派桓彦范和敬晖当代表去见皇太子，皇太子欣然同意。

正月二十二日，张柬之、崔玄玮、桓彦范等率左右羽林兵五百余人，聚集于洛阳宫北门(亦称玄武门)。派遣李多祚、李湛等到东宫迎皇太子，张柬之说："今天需要兄弟们火并，或许会有很大伤亡，但目的只有一个——恢复大唐李氏王朝。"紧接着，挟拥皇太子上马，奔至玄武门，抓获"二张"就地正法。

"五王"诛"二张"政变是南衙执政和北门将军两部分的联合行动，以谋灭"二张"和恢复李唐为目标。胜利的原因跟控制玄武门有关，但从根本上说，是由于顺应了"复李氏社稷"的历史潮流。正月二十四日，女皇传位于太子。次日，唐中宗正式继位于通天宫。二月，复国号"唐"，礼仪制度跟唐高宗李治时期一样，并将"神都"改回东都。

相王李旦在政变策划过程中发挥了重要作用。唐中宗复位后，为了表彰相王的功劳，特地封他为"进号安国相王"。

李隆基没有资格直接参与政变，他只作为副职随父亲相王而行动。他对"五王"的人品极其敬佩，对诛"二张"的功业更是拥护。所以，到开元六年 (718)，已经当上皇帝的李隆基下诏盛赞"五王"顺应天命恢复大唐，功劳甚大，并对他们的离去表达了深沉的追念。

"五王"政变胜利以后，唐中宗重新坐上皇帝宝座，立韦氏为皇后。神龙二年 (706) 十月，唐王朝从东都迁回长安。这时，李隆基已担任卫尉少卿，掌管宫门卫屯兵，因而有机会更加清楚地了解宫廷里的事。他对伯父中宗寄予希望，但不久，看到的却是韦后专权的腐败，以及新的宫廷政变。

李重俊政变那年，李隆基恰好二十三岁。以前，他大小经历过一些宫廷内争群体事件，包括"五王"政变，但都没有这次政变看得真切。一天之内，先是出奇制胜地诛灭武三思，接着就偃旗息鼓，归于失败，这也为三年后李隆基政变的成功奠定了基础。

李重俊政变失败的原因之一：准备仓促，贸然发动。李重俊本来只是因一时"不胜愤恨"而举兵，没有做长期的准备与周密的策划。他联络了李多祚等一些羽林将军、士兵等三百余人。这支队伍用以消灭武三思父子也许可以，但想夺取皇位还是不够的。

李重俊政变失败的原因之二：由于缺乏思想鼓动工作，随风倒的士兵颇多。李重俊只注意收买羽林将军，而没有在士兵中做深入的动员。所以，中宗在玄武门楼上发出归顺有赏的呼喊，立刻起到了作用。于是"千骑"王欢喜等倒戈，在楼下杀了李多祚等人，其余的人遂溃散。太子李重俊逃至郡县附近，被自己的部众所杀。

李重俊政变失败的原因之三：指挥上失误，缺乏果断的决心。当时三百余人进攻玄武门，而楼下守卫者仅一百多人。如果进行猛烈进攻，占领玄武门还是有希望的。但是，李多祚等人犹豫不战，因此丧失了战机。

李重俊政变失败的原因之四：没有注意在舆论上伸张正义。在封建时代，臣下包括太子举兵入禁宫，必然要顶着"犯上作乱"的恶名，在封建伦理上会居于不利的地位。如何应付这种情况，李重俊似乎没有做过细致的考虑。

李重俊政变的失败，确实给李隆基以深刻的教训，李隆基聪明的地方就在这儿，他会提出问题—大胆假设—分析论证—模拟对策—得出结论。所以此后我们才会清楚地看到，李隆基发动政变的果敢毅力，诛灭韦后势力的斩钉截铁，是怎样巧妙地避免了他曾经亲眼见到的一个又一个的失误，最终取得了胜利。

李重俊政变后一年，即景龙二年（708）四月，二十四岁的李隆基外任潞州别驾。他在潞州避暑胜地养精蓄锐一年半，开始了政变的前期准备工作。然后从潞州返回京城长安，更是抓紧密谋策划。前后两年时间里，李隆基都进行着充分的准备。

李隆基从京城到潞州别驾，实际是降职使用。离开长安时，许多亲友长亭送别，尤其是同里居住的好友崔澄一直送到很远的地方才与他分开。李隆基的人马都离开很久了，送别的人还没有完全散去。可见，李隆基的潞州之行是多么的引人瞩目。

不久，有个名叫赵元礼的乐人，从山东逃难来到此地，以卖艺为生，身边带着一个女儿，俊秀美丽，擅长歌舞。二十四岁的李隆基一眼就看上了这位能歌善舞的女子。

唐代诸王溺于女色，临淄王李隆基也不例外。此前，李隆基已纳王氏和刘氏二妃。王氏后来为皇后，但一直没有生过儿子，这也给了李隆基另寻新欢的一个合理的理由。刘氏生了个儿子，名叫李嗣直，即唐玄宗长子。

除了结交地方豪富外，李隆基还十分注意广纳人才。李隆基在长安时已有一个贴身侍从，名叫王毛仲，高丽人，出身卑微，但办事干练。这时，又碰见了李宜德。李宜德出身虽低贱，但很有本事，所以李隆基不惜重金把他赎了过来。后来，李隆基回长安，二人成为李隆基发动政变时的得力助手。

在潞州一年半，作为别驾，自然谈不上什么政绩。但是，这一年半，恰恰是李隆基平生的最重要的时期之一。景龙三年(709)九月，李隆基接到回长安的调令。据说他请了一个名叫韩凝礼的人搞了个占卜活动。第一卦结束，其中一个筷子矗立不倒。韩凝礼说："这是天子的祥云瑞气。"这种占卜固然是荒诞的，但也清楚地反映了李隆基的政治企图。后来，李隆基坐上皇帝宝座，给韩凝礼加官晋爵。

李隆基返回京城长安，也就罢去了潞州别驾职务。当时，他居住的兴庆坊已叫隆庆坊。前面说过，坊南有一龙池。关于龙池的传说颇多，有的望气者说："这有帝王之气。"所谓"望气者言"，不过是替唐玄宗制造舆论、忽悠百姓而已。

中宗游览幸隆庆池，结彩为楼，欢宴侍奉。中宗的到来，主要是寻欢作乐，顺便拜访相王"五王宅"。是否有意窥测李隆基诸兄弟的动态，那就很难确定了。如果确已发现李隆基的图谋，完全可以下令追查。看来，中宗没有把相王诸子视为最危险的力量。这是中宗和韦后在政治上的失算。

李隆基在长安是暗中准备政变的。他在长安继续收买死党，加紧集结党羽。他把重点放在北门禁军万骑上，这是老谋深算的表现。众所周知，如果不拉拢这支禁卫力量，要想宫廷政变成功，简直是痴人说梦。太子李重俊失败的原因之一，就是"千骑"王欢喜等倒戈。前车之鉴，怎能不引以为戒呢？所以，李隆基特别加强了这方面的工作。

李隆基还广泛地结交各种有识之士，以组织亲党。例如刘幽求，早年曾向桓彦范、敬晖建议，趁势杀了武三思。对于这种人，李隆基是很器重的。又如名士王崇晔，李隆基也是慕名求见，又如禁苑总监钟绍京、利仁府折冲麻嗣宗等。可见，共同的政治信仰把他们连在了一起。后来，他们都是李隆基发动政变的骨干。

李隆基回长安的半年多时间里，暗地加紧策划政变，而这一切活动都是以隆庆坊、"五王宅"为根据地的。社会上不时地流传着龙池、龙气的流言，多少反映了李隆基跃跃欲试的状态。但是，在唐中宗去世以前，李隆基仅仅是在窥测方向，绝不贸然举兵。这一点，正是吸取了李重俊政变失败的教训。

自太子李重俊起兵以后，虽然武三思死了，但韦后和安乐公主专权却愈演愈烈。景龙二年（708）春，宫中传说皇后衣箱中有五色云出现，又有民谣称：走了武则天，韦后来接班。借此宣扬"天意"以韦后为"国母"，也就助长了韦后擅权的气焰。

安乐公主也没有从丈夫武崇训之死中吸取教训。这时，她又嫁给了武承嗣次子武延秀。

至于唐中宗，虽然昏庸愚暗，但他毕竟是李家天下的大旗。这一点，跟韦后、安乐公主、武延秀等稍有区别。唐中宗听到一系列言论后，不能不有所触动。他曾下密旨给大臣，看情况，在必要的时候结果了韦氏之党。谁知韦氏动作更快，与安乐公主等合谋，于景龙四年（710）六月二日毒死已经患病的唐中宗。

唐中宗死后，韦后搬出幼稚无知的李重茂上台当傀儡皇帝（殇帝），自己临朝摄政。她还想爬上皇帝的宝座，准备对李旦下毒手。就在这个关键时刻，有胆有识的李隆基毅然决定发动宫廷政变。

唐中宗去世却不发丧，暂时由皇后处理国事。唐中宗生前身边的太监宫女都被韦氏用丹药毒得又聋又哑，目的就是防止消息泄露。六月的天渐渐热起来，为了不引起宫人们的怀疑，韦氏谎称自己得了一种怪病，需要用大量的鱼干来治疗，以此臭鱼气味掩盖死去的唐中宗的气味。

为了对付非常局面，韦氏设法掌握军权，先将从父兄韦温提拔做了京城禁军统领，专门守卫京城。韦后又让从子播、族弟璇、弟捷、谱等，分掌屯营及左右羽林军。当时调集诸府折冲兵五万人，分屯京城，一概由诸韦子侄统率。

韦氏鼓吹自己奉玉帝旨意就是要给大唐带来革命的，玉帝的旨意是：大唐的天子虽然是我的孩子，但我也不能逆天办事，现在派韦氏下凡接替李氏，掌管大唐。

为了防止唐中宗次子李重福在均州起兵，韦氏下令：加强东都洛阳的留守力量，同时加紧军事训练，设均州为洛阳军区训练基地。同时，派遣使臣到关内道、河北道和河南道等地担任巡抚，实质上就是在李重福周围安插了几个亲信，只要你有行动我就能知道，只要你妄动我就收拾你。

从韦氏的部署来看，这人绝不会满足于太后身份。这样发展下去，她很有可能重演武则天篡唐的故事。韦后临朝改制的日日夜夜，也是李隆基策划政变的分分秒秒。李隆基及其谋士们采取了一系列有效的步骤，以保证政变的胜利。

韦氏之党鼓吹奉玉帝旨意下凡为唐朝革命，闹得人心惶惶。而李隆基则以继承"唐命"相号召，于是关于"龙气"符瑞的说法广为流传。而且年号"唐隆"与"隆基"有一个字的巧合，竟成了李隆基"受命"的征兆，这是韦后所始料不及的。以"隆"为"龙"的舆论，确实使李隆基坚固了心理堡垒，让他人为其死心塌地。

李隆基举兵需要争取太平公主的支持。太平公主是唐中宗和相王的亲妹妹，也就是李隆基的姑母。太平公主和韦后之间有一定的矛盾。唐中宗一死，太平公主参与谋草"遗制"，地位相当重要，但韦后之党忌妒相王和太平公主的实力，老想使绊子。李隆基显然摸透了姑母的政治态度，为成功发动政变又增加了砝码。

李隆基举兵需要进一步拉拢禁军万骑。李隆基虽然早已着手收买万骑，但以前都是秘密地进行，大家只是混个脸熟，从未轻易地吐露自己的真正意图。而韦盟接管禁军后，引起了万骑将士的不满，营长葛福顺、陈玄礼等常被韦氏父亲等人欺负。当李隆基讲出举兵意图，万骑将领踊跃支持。

经过紧锣密鼓的策划，最后共同商定了政变的实施方案。参与"建策"的有刘幽求、薛崇简、太平公主府典签王师虔、王崇晔、利仁府折冲麻嗣宗、押万骑果毅葛福顺与李仙凫，等等。此事说明朝廷官僚中有相当一部分已经倒向李隆基。

举兵方案既经各方协商和周密策划，因此也就能顺利地执行。唐隆元年（710）六月二十日，李隆基改穿平民衣服，在随从李宜德和道士冯处澄的陪同下，离开"五王宅"，外出与刘幽求、薛崇简、麻嗣宗等会面。近傍晚时分，李隆基等人自禁苑南潜入，聚集在苑总监钟绍京廨舍，随时准备行动。

当晚约二鼓时分，刘幽求认为是动手的时候了。葛福顺奉命返回羽林将士屯守的玄武门，韦璇等人还在睡梦中就被取了首级，羽林将士一看情况，都很高兴地倒向了李隆基这边。接着，把韦璇等人的首级送到麻舍让李隆基确认。这样，玄武门羽林禁军基本上解决了。

六月二十一日，关闭宫门及长安城门，分别派万骑收捕韦氏的死党，斩杀韦温、宗楚客等。诸韦向来门宗强盛，于京城南杜曲聚族而居，为了收礼，也不拉院墙，结果狗都没来得及叫一声就被干掉了，不到一天的工夫，京城内就安定下来。

嫡长制继承的目的在于防止皇室内部的互相争斗，一生下来就被灌输储君位子都是大哥的，不要再争了，以保证封建王朝"家天下"的稳定性与连续性。但是，事实上嫡长制在唐朝并不吃得开。因为皇位的继承终究还是由各位亲王集团实力决定的。唐睿宗的复位，从根本上说是从李重俊到李隆基一系列政变的结果。

回顾武则天登基以来，匡复李唐的潮流一直难以阻遏。所谓"武周革命"，不过是姓氏不同的皇帝之间的取代，在礼仪与政策上不完全是自立门户，另搞一套。武后执政，在官制、田制、税制、兵制、婚制、利举等各方面，基本上沿袭了贞观、永徽时期的政策措施。因此，武周政权与李唐王朝并无实质性的差别。

武后专权时，都不敢谋杀高宗，而韦后竟敢毒死中宗，这必然是自取灭亡。正是在这种"人神共愤"的形势下，李隆基毅然以"拯社稷之危"为己任，一举诛灭韦氏一党。唐睿宗就职，赞扬李隆基"有大功于天地"，也就是说，李隆基所策划的政变，是合乎天下士庶的历史潮流的。

李隆基政变成功的原因之一是下手早，做了较长期的准备，没有轻易动兵。早在"五王"诛"二张"的斗争中，李隆基还只是父亲相王的从属，尚未形成个人的独立力量。出任潞州别驾，开始纠集私人势力。召回长安后，加紧培植个人势力，寻找各路的支持者。

李隆基经过两年的努力，终于形成了自己的强大势力，为发动政变做了充足的准备。而且，他充分发挥了各种人才的作用，各方商讨，周密策划，这也是李隆基的"成功之道"。正如史书所称：李隆基擅长使用人才，凡事大家商量，寻求最佳处理方案，反复论证后再制订实施方案。

李隆基政变成功的原因之二是重视对万骑将士的动员工作。唐朝前几次宫廷政变的成败关键在于北门禁军，李隆基为此费尽了心机。当时，众人都埋怨不被韦氏重用，李隆基则趁机加以利诱与劝导，结果万骑将领纷纷表示"决死从命"。

李隆基政变成功的原因之三是深谋远虑、果敢灵活。李隆基的确有统治者雷厉风行的特质。离开潞州时，他就吐露了自己的政治野心。在准备时期里，他积蓄力量，集结亲信，广纳人才。

从政变前后过程中可以看到，李隆基已经成为一个有胆有识的政治家。他策划的唐隆政变，本质上是封建统治阶级内部的夺权斗争，但它跟以往的一些内部斗争不同，在唐朝历史上具有重要的意义。

唐隆政变的胜利，为李隆基登上皇位创造了一定的条件。然而，从被立为太子到监国，再到继位，还是经历了长达三年的艰苦奋斗。这期间，严重的威胁来自姑母太平公主纠集的势力。

李隆基当太子不到四个月，"太子不是长子，不应当立储君"的流言蜚语就传播起来了。制造这种舆论的不是长兄李成器，而是姑母太平公主。从此以后，太子集团和公主势力结了恩怨。

由于太平公主的特殊功勋与地位，加上她沉断有谋，善弄权略，议政处事能力超过哥哥唐睿宗，所以唐睿宗继位后，每当宰相奏事，睿宗总是问："与太平公主商量了吗?"再问："与太子商量了吗?"这一先一后，固然是照顾辈分高低，但实质上反映了太平公主的议政权力是在太子之上的。唐睿宗听取意见时，不是偏向太子，而是偏向公主。

为了粉碎废立阴谋，从根本上消灭太平公主势力，李隆基及其智囊团也时时在密谋策划消除太平公主的势力。如果说，密谋的是姚崇和宋璟提出的三点建议，那么，正式提出诛杀太平公主的则是谋士王琚。还在太子监国时，王琚曾以天下是太平公主当家的言辞来激怒李隆基。

李隆基针对太平公主的阴险狡猾，采取以理斗智的策略。所谓"理"，即维护皇位继承的合法性。的确，以非嫡长子为皇太子，不符合传统的继承法。对此，李隆基还拉拢李隆范、薛王李隆业，成为自己的支持力量。

针对太平公主的恃权骄横，李隆基还采取了以退为攻的策略。由于太平公主纠集的"朋党"势力强大，朝臣多为其所用，李隆基不得不小心谨慎，每走一步就看一步，绝不冒进。总之，在长达三年的宫廷斗争中，李隆基深入观察政局形势，见机行事，时而主动进击，时而以退为攻，化劣势为优势。

延和元年（712），唐睿宗传位于太子，李隆基继位，改元先天，是为唐玄宗。

李隆基虽然继位，但上有太上皇唐睿宗，侧有太平公主集团势力。只有消除二者势力，唐玄宗才能真正地掌握政权，一切政事才能由皇帝处置。七月三日的事变是唐朝政局由不安定到安定的转折点。自李隆基出世以来，近三十年，由于皇位继承权的不固定，引发了连续不断的宫廷内斗。

封建时代的"治世"无不以政局安定为前提，而政局安定的关键恰恰在于皇权的巩固。从中宗到少帝，再到睿宗与玄宗，这期间有不少人蠢蠢欲动要打皇位的主意，弑杀与叛乱交替，祸变接连不绝。

李隆基一踏上政治舞台，就几乎处于斗争旋涡的中心。他本人通过一系列的改革，实现了从皇室庶子到太子监国再到皇帝的蜕变。

七月三日事变胜利不久，唐玄宗进行了一次耀武扬威的军事检阅。这年十月十三日，在检阅中，唐玄宗以突然袭击的方式，解除了功臣郭元振的兵权。郭元振早在武则天时就是一员名将，后来立功于西土边陲。唐睿宗时期，官拜兵部尚书同中书门下三品。

当然，强化皇权的关键还在于重用贤相姚崇。姚崇是杰出的政治家、皇权主义的维护者。姚崇原名元崇，陕州陕石(今河南陕县)人。早在武则天时，由于才能出众，被提拔为宰相。后姚崇罢相以后，玄宗又重用宰相宋璟。

唐玄宗为什么要将功臣外调呢?原因是吸取了往昔政局动荡的教训，防止可能发生新的动乱。功臣们确实有功，没有他们的努力，自己难以登上皇位。但是，如今要安定皇室，就不能不注视着他们的动向。须知，功臣们大多是八面玲珑的人物，煽动能力很强，今日高兴了，推举你为王；明天一变卦，就有可能选他人了。

由皇室内斗而发展成祸乱，是常有的事。唐玄宗妥善地处理了与兄弟诸王的关系，避免了可能发生的兄弟相残。唐玄宗处理兄弟关系，虽有猜疑、伺察与诈术等，但是友爱不伤感情的办法还是占主要的，这些对稳定政局起了良好的作用。为了表示愿与兄弟永远分享欢乐，唐玄宗还将自己服用的仙药分赠给诸王。

唐玄宗的"友爱之道"发挥了很大作用，避免了可能发生的"祸变"，有利于开元时期政局的稳定。

巩固皇权的又一个重要措施，就是加强对北门禁军的掌控。唐玄宗清楚地知道，以往每一次政变都跟禁军尤其是千骑、万骑与飞骑有关。要防止"祸变"再起，保障稳定的统治秩序，就得牢牢地抓住禁军不动摇。

唐玄宗因此格外宠遇王毛仲。原因在于王毛仲是控制禁军的关键人物。李隆基为太子时，王毛仲曾以龙武将军的身份直接统领万骑左右营，并专管闲厩马。这就保证了七月三日事变的胜利。诛灭太平公主势力后，王毛仲地位提高了，自然不必亲自管辖万骑左右营。但是，万骑禁军还是由他控制。

青年李隆基励精图治，任用贤才，创造了"开元盛世"。唐玄宗知人善任。这是开元之治的成功经验。

充分地发挥宰相的作用，就必须将权力下放，放手让宰相处理政务，对于细务不多加干涉。就在姚崇为相的第二天，唐玄宗回到长安，姚崇奏请圣裁，玄宗说："你考虑多久了？"姚崇说："有一段时间了。"玄宗说："你考虑的结果一定比我现在回复你的更合适，放手去做。"

为了进一步发挥地方官的作用，贯彻"任贤用能"的原则，唐玄宗还采取了地方官与京官互相交流的措施，一方面让京官到地方体察民情，另一方面让地方官来京城做官。

尽管唐玄宗在国家政治体制上不可能做根本性的改革，但是毕竟为内外官员的调动做了一些改变。在玄宗的倡导下，不少京官被下派，纷纷到地方，一般都是三年。让他们独当一面，施展才智，将大大改进地方吏治，很多还干出了一番作为。值得一提的是，唐玄宗还采取果断的措施，让公卿子弟去基层。

内外官交流的积极意义，一方面在于"出"，即选择京官中年轻有为者担任地方官，推动了地方吏治的整顿；另一方面在于"入"，即选调有地方从政经历的、百姓口碑好的人为京官，对改善中央辅政将起到重要作用。因为这些官员了解基层，体察民情，他们的决策自然比较符合实际，能够顺利地得到贯彻与执行。

从开元末年起，玄宗在长期升平殷富的盛世中逐渐发生变化。在政治上，他认为天下无复可忧，便深居禁中，怠问政事。李林甫是利欲熏心之徒，一干就长达十九年，大权独揽，形成了奸臣专权的局面。

而杨国忠在朝中一手遮天，多次遇到自然灾害，唐玄宗询问灾情，杨国忠却拿着大个的麦穗子给玄宗看，说雨大麦穗更大。下边有官员报告灾情，请求救助，他大发雷霆，命令进行严惩。杨国忠能力不高，但喜欢胡乱处理朝政，正事做不好，坏事却很在行。

在个人生活上唐玄宗吃的是山珍海味，一盘菜就能吃掉十户中等人家的产业。唐玄宗完全舍弃了开元年间艰苦奋斗的优良作风，过上了奢侈糜烂、歌舞升平、美酒佳人的生活。政治上昏庸，促使奢靡成风，铺张浪费严重，终于把唐王朝推向了衰败。

朝政混乱影响了国家的经济。均田制在这个时期逐渐瓦解，税收急剧减少，但朝廷的花费却因为唐玄宗和杨贵妃的浪费而逐渐增多，国库的钱快花完了。政治的腐败还影响了军队的战斗力，因为招募的兵士好多都是混饭吃的无赖之徒。

唐玄宗对于唐朝的危机没有预见性，反而对外发动了一系列的战争。政治腐败与黑暗，助长了将领贪功求官的欲望。为了挑起战争，并在战争中立功受赏、加官晋爵，边镇的很多将领没事挑事，使得边境鸡飞狗跳，而唐玄宗的好战正是火上浇油。

唐朝所面临的困难，一是与西边的吐蕃没搞好关系，因误会引发战争，既然打仗就互有伤亡，这也损害了历来的睦邻友好关系。二是与西南的南诏国关系紧张，不仅恶化了之间的关系，而且财政上也发生了用度不足的问题。同时，由于大量扩充边军，导致军事布局上外重内轻。

杨玉环的童年是在蜀川度过的。从蜀川到河南，中原的风土人情，洛阳的繁荣豪华，无不吸引着富有好奇心的少女。

杨玉环天生丽质，性格婉顺，擅歌舞。开元二十二年（734），唐玄宗的女儿咸宜公主在洛阳举办婚礼，杨玉环也应邀参加。咸宜公主胞弟寿王李瑁对杨玉环一见钟情，唐玄宗在武惠妃的要求下册立她为寿王妃。

长生殿内济济一堂，击磬、弹筝、吹笛，众乐伎早已恭候于此。杨玉环一出场，果然是满堂皆惊。

此刻众多乐器高手用心演奏，杨玉环也不由会心地点头。唐玄宗看在眼里，喜在心上，心赞杨玉环果真是个精通音乐的女子。

开元二十五年（737），武惠妃逝世，唐玄宗因此郁郁寡欢，有人进言将杨玉环召入后宫。

杨玉环被召入宫后，深得唐玄宗宠爱。天宝四年（745），进册为贵妃。

一人得宠，全家升迁。杨玉环被提拔为贵妃，杨氏家族就以外戚的地位，享有皇权赋予的种种特权。

杨贵妃能够得到唐玄宗的宠爱绝不仅仅是容貌长得美丽，关键是她有效地揣摩了唐玄宗的心理，而这也是后宫许多姿色艳丽的女子做不到的。据说，有一天唐玄宗与亲王下棋，并令贺怀智独奏琵琶，杨贵妃站在棋局前观看。唐玄宗眼看就要输了，杨贵妃将怀里的猫扔在棋盘上，扰乱了棋局以乱其输赢，唐玄宗因此十分高兴。

《新唐书》记载杨贵妃"善歌舞，通晓音律，且智算警颖"。这正是颇有音乐造诣的唐玄宗所求的知音，据说唐玄宗非常喜爱《霓裳羽衣曲》，杨贵妃对此曲似乎心有灵犀，表演十分出色。二人还亲自教梨园弟子演奏此曲，为繁荣盛唐艺坛绘制了一幅绚丽多彩的新画面。

在享受豪侈生活方面，唐玄宗和杨贵妃两人基本上是相同的。但是，杨贵妃有一个特殊嗜好却为唐玄宗所不及，就是嗜食新鲜荔枝。荔枝产自巴蜀和岭南，如能保鲜运至京师，所耗人力、财力极其惊人。为让杨贵妃吃到新鲜的荔枝，唐玄宗只得派人将刚摘下的荔枝，一个驿站一个驿站地换快马当日送到京城。

唐玄宗在腐化的道路上越走越远，政治上一再受李林甫、杨国忠、安禄山等人蒙蔽，最终在天宝十四年（755）酿成了安史之乱。

安禄山发动叛乱后，不到两个月就占领了洛阳，然后直逼长安。唐玄宗于天宝十五年（756）率从官及杨贵妃逃离长安，行至马嵬驿（今陕西兴平西），禁军哗变，诛杀杨国忠，唐玄宗被逼缢杀杨贵妃，军情始定。

第 七 章

唐末纪实

——唐王朝的解体

公元756年，马嵬驿兵变，唐肃宗李亨继位。

公元762年，唐代宗李豫继位。

公元779年，唐代宗李豫去世，唐德宗李适继位。

公元805年，唐德宗李适病逝，唐顺宗李诵继位；李诵登基不久被重臣所逼，同年传位于儿子李纯，史称唐宪宗。

公元820年，唐宪宗李纯被宦官所杀，唐穆宗李恒继位。

公元824年，唐穆宗李恒病逝后，唐敬宗李湛继位，但很快就被宦官刘克明等人所杀。

公元826年，唐文宗李昂继位。

公元840年，唐文宗李昂郁闷而死，唐武宗李炎继位。

公元846年，唐武宗李炎去世，唐宣宗李忱继位。

公元859年，唐宣宗去世，唐懿宗李漼继位。

公元873年，唐懿宗李漼病逝，唐僖宗李儇继位。

公元888年，唐僖宗李儇去世，唐昭宗李晔继位，后于公元904年被朱温杀掉。

公元904年，唐哀帝李柷主持割据政权，后于公元907年被朱温废为济阴王，唐朝灭亡。

◇◆◇◆◇

　　天宝十五年（756），经历了马嵬驿兵变的唐玄宗心灰意懒，在当年七月把皇位让于太子李亨。李亨在灵武（今宁夏灵武）匆忙继位，尊唐玄宗为太上皇，改元至德，庙号肃宗。唐肃宗是个有理想没能力的纨绔皇帝，继位之后便应宰相房琯的要求图谋收复二京，结果由于军事实力不够，导致全军覆没。

　　唐肃宗李亨在位期间，盲目宠信宦官李辅国、程元振。这些人掌握了军政大权，气焰非常嚣张，成为历史上宦官专权的代表人物。同时他又宠信皇后张良娣，纵容她干预政事。

　　宝应元年（762）四月中旬，唐肃宗患病。屋漏偏逢连夜雨，在这个月，父亲李隆基也因病去世，李亨因悲伤病情加重。看到唐肃宗即将不久于人世，张皇后不顾夫妻之情，勾结肃宗次子越王准备发动宫廷政变，最终狡猾的李辅国以太子的名义平息这次政变，但由于受到惊吓，李亨当日就死在了长生殿。

　　唐代宗李豫，是个典型的傀儡皇帝，父亲唐肃宗被宫廷政变吓死之后，他被李辅国拥立为帝，改年号为"宝应"。唐代宗继位后，李辅国以立帝有功，竟然当面和唐代宗商量权力分配事宜，他告诉李豫，皇帝只需要宅在宫中享受，其他军政大事不需要他操心。可怜的李豫虽心中不满，但慑于他手握兵权，只好答应。

唐代宗李豫不甘于做李辅国的傀儡，他趁李辅国不备找了个机会，派人假扮盗贼刺杀了李辅国，为掩人耳目，他还追封李辅国。李豫非常羡慕唐太宗李世民的文治武功，在宝应元年（762）十月，他任命雍王李适，向回纥借兵十万，收复东京洛阳，彻底平叛了安史之乱。

李豫虽然平叛了安史之乱，但由于综合国力不强，此次用兵大伤国家元气，国家财政赤字越来越严重。吐蕃趁唐朝元气大伤之际想要灭了唐朝，他们大举攻唐，由于唐朝国力不济，很快兵临长安，吓得唐代宗逃到陕州（今河南三门峡西）避难。在这十分危急的时候，唐代宗仓促启用郭子仪为帅，经过郭子仪的传奇征战，才避免了国家的灭亡。

唐代宗李豫在郭子仪的有力辅助下，给唐朝带来了短暂的休养生息的时机。大历十四年（779）五月，李豫得了重病，自知大限已到的他命太子李适代理皇帝之位。

唐代宗李豫去世之后，他的长子李适继位，是为唐德宗。唐德宗是靠战功起家的。当年郭子仪带兵平息安史之乱和驱赶吐蕃，作为皇太子的李适都是以郭子仪领导的身份出现在军营之中。叛乱平定后，李适因功官居尚书令，与郭子仪等八人绘图凌烟阁。

李适继位后，国家经济拮据，于是在大臣杨炎的建议下，他施行了财政改革，内容包括废除租庸调制，颁布两税法等。同时，他为了加强中央集权，不顾现实地搞削藩运动，结果由于措施失当，导致泾原兵变，被迫仓皇出逃。

唐德宗李适在位期间，由于他有着效仿太宗皇帝李世民的雄心大志，所以比较注重农业问题，时局稍为稳定，被称为唐朝中兴之治。但由于后期他盲目信任宦官，无限制地向地方官勒索受贿，并在长安施行宫市，随意增加税种，导致百姓生活更加艰难。

唐德宗去世后，他的长子李诵继位，史称唐顺宗。李诵是个有作为的英明君主，在位期间他任用王伾、王叔文为翰林学士，在柳宗元、刘禹锡等名流的支持下，大胆改革，锐意创新，革除了德宗在位时的种种弊政，国内一派清明之象，史称永贞革新。

不过唐顺宗李诵因永贞革新触动了宦官的利益，被逼退位。他的大儿子李纯登上了历史舞台，史称唐宪宗。李纯虽然受命于危难之时，但他似乎没有刚刚继位的羞涩感，一上台就进行削藩，征服了西川节度使刘辟的势力，并成功平叛淮西吴元济的叛乱。

唐宪宗李纯在取得了一些成就后，就自以为立下了不朽之功，渐渐骄侈，任用皇甫镈而罢贤相裴度，政治日见衰败。元和十五年（820），唐宪宗李纯暴死。李恒登基，史称唐穆宗。

唐穆宗李恒继位时只有二十六岁，他没有珍惜自己来之不易的机会，把太宗、玄宗这些榜样抛之脑后，纵情享乐，毫无节制。穆宗的大肆享乐遭到大臣们的忠言劝谏，但他依然我行我素，直到长庆二年（822）十一月，他因打马球时受到惊吓而中风，才有所收敛。

病中的唐穆宗曾经想过长生不老，和他的父亲一样迷恋上了金石之药。处士张皋多次上疏，对穆宗服食金丹一事提过劝阻。不过，唐穆宗还没有等到丹药毒发就在长庆四年（824）驾崩。

唐敬宗李湛是唐穆宗的长子，但上任没几年就被宦官杀害。唐敬宗的弟弟李昂被宦官王守澄等拥立为帝，史称唐文宗。文宗到底以何名义登基成了拥立大臣王守澄的心病，最后在翰林学士韦书厚的授意下，为李昂伪造政绩，然后百官反复恳求，才为李昂举行了登基大典。

唐文宗是个爱好学习的人，手不释卷，知识渊博，但都是纸上谈兵，其实在他执政期间政治黑暗，官员腐败，百姓生活极苦。由于权力分配不均衡，导致官员和宦官争斗不断，唐文宗时期是唐王朝走下坡路的时期。在朝政上，唐文宗着重代表宦官的利益，导致了宦官专权，后来他任用宠臣李训、郑注等，企图诛灭宦官。但秘密泄露，李训等被杀，李昂也在"甘露之变"后被软禁。开成五年（840），李昂抑郁而终，死时只有三十二岁。

唐文宗去世后，李炎继位，对唐后期的弊政做了一些改革。会昌六年（846），李炎驾崩于大明宫，庙号武宗。

等到唐宣宗李忱登基之时，唐朝如同一个病入膏肓的病人。其在位期间党派斗争、农民起义、官员腐败、宦官专权、四夷不朝等问题都出现了。唐宣宗勤俭治国、减少赋税、注重农业，慢慢地，国家经济稍有复苏。

李忱年轻时为了逃避唐武宗的迫害，曾当过和尚，所以唐宣宗时期对佛教极力推崇，据说李忱曾在大中七年（853）亲自参拜释迦牟尼的舍利。

在军事方面，击败吐蕃，收复河湟，安定塞北，平定安南。尤其是收复河湟，是安史之乱后唐朝对吐蕃的又一重大军事胜利。

唐懿宗李漼是个爱好享受的无能皇帝，他是唐宣宗的长子，在父亲死后，他丝毫不顾及国家的各种问题，沉湎于酒色，一时间政治腐败，唐朝政局更加风雨飘摇，导致大中之治的成果消失。同时他加重赋税，导致百姓生活异常艰难。

在唐懿宗李漼的暴政下，多地发生农民起义。唐懿宗为了维持自己的统治，派遣王式、康承训等将军对农民起义进行了残酷镇压。他虽然不是唐朝的亡国之君，但唐朝的灭亡与他有着莫大关系。

唐僖宗李儇继位时只有十几岁。年幼的他考虑到自己政治经验不足，日常事务全交给宦官田令孜处理，自己躲在一边享受清闲。当时由于连年的自然灾害，人民生活困苦，而地方官吏却依然残酷地剥削百姓，引起百姓极度不满。唐僖宗在历史上的名气其实是伴随于王仙芝和黄巢起义，黄巢占领长安之后，他仓皇逃亡蜀地，直到黄巢起义失败才返回长安。

唐朝到了唐昭宗和唐哀帝手中，政权已经是名存实亡。唐昭宗在位时，朝廷大权都掌握在手握重兵的权臣朱温手中。为了灭亡唐朝，取而代之，朱温杀掉宦官，迁都洛阳，最后又杀掉唐昭宗。而唐哀帝更是可怜至极，仅仅做了三年的傀儡皇帝就被朱温废掉，次年被杀。

唐哀帝的退位，标志着历经二百八十九年的唐朝灭亡。